# 野球力再生

名将の「ベースボール」思考術

森祇晶



ベースボール・マガジン社新書
025

# はじめに

長年住み慣れた東京を離れ、2003年10月、ハワイ・ホノルルに居を移した。幸いグリーンカード（永住権）を取得できて、すっかりハワイの住人になった。ホノルルは東京から約6100キロ、ロサンゼルスからも4200キロの距離がある、いわば、日本と米国本土の中間点だ。そのおかげで、日本のプロ野球もメジャー・リーグもライブで楽しめる。東京ドームでの巨人戦は、日本のCS局と提携している韓国語放送局が中継してくれる。ナイトゲーム（午後6時開始）なら、こちらの（前日の）午後11時がプレーボール時刻である。インターネットで日本の試合結果や、出来事などもチェックできるので、さほど不自由はしていない。

5年間、日米両国の野球を見続けていると、無意識のうちに、あらためて日米野球比較論を頭のなかで展開していたようだ。

08年のメジャー・リーグでいえば、タンパベイ・レイズの躍進が特筆もの。球団創設以来、過去10シーズンでア・リーグ東地区最下位は9度。年俸総額はメジャー30球団中29番目のいわば〝弱小球団〟が、ワールドシリーズでは敗退したものの、ニューヨーク・ヤンキースやボストン・レッドソックスといった「金も戦力もある」強豪チームを退けたのは、痛快の極みだった。これまで下位に低迷し続けたため、ドラフトで有望選手を獲得。その彼らが育ち、また効果的なトレードを実行できたことで、戦力も充実。そこへジョン・マドン監督の理にかなった野球が花を開いた年だった。

ワールドシリーズ第3戦、9回無死満塁の守りで、右翼手・ベン・ゾブリストを二塁ベース近くに配置した『五人内野』には驚かされ、奇策はこちらでも話題になった。またシーズン中の8月に行われた敵地でのテキサス・レンジャーズ戦。9回4点をリードした二死満塁の守りで、マドン監督は打席にア・リーグ打点王となったジョシュ・ハミルトンを迎え、マウンドのグラント・バルフォーに敬遠を指示。一発サヨナラのピンチにも次打者を抑えてこの試合をものにした。監督の采配という点でいえば、ロサンゼルス・エンゼルスのマイク・ソーシア監督と並び際立っていた。全米野球記者協会員の投票で決まる最優秀監督賞では、1位票28のうち、27票を獲得したのもうなずける。

そのレイズを破り、世界一の座に就いたのがフィラデルフィア・フィリーズだった。監督は、ヤクルト時代にともに戦ったチャーリー・マニエル。ある種の感慨を抱きながら、公式戦、ポストシーズンをみつめていた。今回は両リーグ東地区の首位チーム同士によるワールドシリーズとなったが、過去6年はワイルドカード（各地区2位のうち最高勝率チーム）が制覇している。そこには、ワイルドカードという存在に、きちんとした価値観を見い出している米球界、ファンの思いが感じられる。

08年はレイズだけでなく、ミネソタ・ツインズ、オークランド・アスレチックスといった財政的に恵まれていない球団の奮闘ぶりが目についたシーズンだった。両球団はプレーオフに進出できなかったが、最後まで優勝争いにからみ、若い有望な選手を次々と輩出した。ミネアポリスの友人にいわせると「優勝？　とんでもない。若い選手が目の前で一人前になっていく過程が楽しみ」とのこと。ファンが地元球団を熱烈に応援する。こういった「この選手を育てるんだ」というファンの意識は、確立したフランチャイズから生まれるものだろう。

金をかけるだけが能ではないと思わせる球団がある一方で、まさに無駄使いのチームもあった。「100億円かけて100敗した」と地元ファンから強烈なブーイングを浴びたシアトル・マリナーズである。メディアからもバッシングを受け、ビル・バベジゼネラル・マネジャーはシーズン途中で解任された。こちらでは当然のこととはいえ、責任の所在が明確である。

日米の違いを痛感させられながら、日本のプロ野球に思いを馳せてみた。08年のシーズンを振り返ってみる。ペナントレース最大の特徴は「3位でも日本一になれる」制度である。傍《はた》から見ていて「3位になればいい」という意識がみえかくれしていた。セ・リーグは巨人が13ゲーム差をひっくり返したが、リーグ優勝チームだけが日本シリーズに出場できる従来の方式だったら、実現できたかどうかはわからない。巨人は後半戦に入って、クライマックスシリーズ進出を確信していた。ある意味、プレッシャーはなく気楽に戦えたと思う。もし、旧方式だったら、どうしても勝たなければならないし、ガチガチに固くなっていたに違いない。

結果的には巨人、西武というリーグ優勝チームがクライマックスシリーズを勝ち抜き「3位でも日本一」は現実とならなかったが、ハワイからながめていて、なんのためのクライマックスシリーズなのか、という思いにとらわれた。

もともとパ・リーグだけでスタートさせたこのプレーオフ。シーズン終盤にもう一度ピークを作り、同時に稼げるだろうという思惑だったが、それなりの成果を得られたことで、当初は反対していたセ・リーグも同調した。短期間での金儲けなのか、なんの目的ではじめたのか、どうも理解できない。どう考えても3位チームが頂点に立つという事態は私の頭脳では理解できないでいる。

メジャー・リーグは、08年のレギュラーシーズン終了時点で、30球団の総観客動員数が前年を4・5パーセント上回る史上最多の約7950万人を記録。4年連続で最多記録を更新した、と発表した。その発表によると、8球団が最多記録を更新し、その他15球団が前年の動員数を上回ったという。さまざまな問題を抱えながらも、ファンの支持を得て、メジャー・リーグは発展しているようにみえる。

翻《ひるがえ》って日本はどうだろうか。パ・リーグは約956万人で（実数の発表となった05

年以降）最多を記録した。セ・リーグは約1208万人で、初の前年比減少となった。日本国内では、巨人戦の地上波中継の視聴率が下がり、中継数も減少しているという。いろいろな要因が考えられるだろうが、チーム作りという観点からすれば、巨人離れは必然だと思う。

08年のラインナップをながめればわかる。この年ブレークした坂本勇人はいるものの、高橋由伸、二岡智宏といった核にならなければいけない生え抜き選手が不在がちで、クリーンアップを小笠原道大、ラミレス、李承燁《イ・スンヨプ》とよそからの補強選手で組んでいた。日本人の気質からいうと、こういうチーム構成では感情移入がしにくくなり、ファンの巨人離れが加速するのではないか、と心配する。もちろん鈴木尚広、亀井義行、脇谷亮太など脇役の活躍は忘れられないが……。

そんな巨人と西武との日本シリーズは金満球団と若手（低年俸）球団の対決で興味深かった。開幕当初は大味だったが、第5戦目以降は盛り上がった。日本人特有の判《ほう》官贔屓《がんびいき》もあって、かなりのファンが「巨人にひと泡ふかせてやれ」と西武に肩入れしていたのではないか。最終的には、西武が最終戦を制して4年ぶりの日本一を獲得した。前年5位からの西武の快進撃は、レイズのそれとも重なって見えた。
08年のペナントレースは、北京五輪に左右されたと思う。日本代表に主力選手を送り出したチームは、五輪後に悩まされた。故障者の離脱やコンディショニングの問題もあって、セでは阪神、中日、パではソフトバンクが大きな影響を受けた。逆に、選手を一人も出さなかった広島、オリックスが後半戦、健闘した。チームを立て直せないままポストシーズンに突入した中日は、クライマックスシリーズの日程の前に沈没した。リーグ優勝チームにアドバンテージを与えすぎた感がある。

日米両国の野球を中間点からながめながら、あれこれ考える毎日だ。それをまとめたのが本書である。日本球界がさらに発展してほしい、という思いがみなさまに伝われば幸いだ。

# 野球力再生　名将の「ベースボール」思考術　目次


はじめに――3

第一章　監督の選び方――15
スター主義とは無縁の米国に学べ　指導者・秋山に必要なもの
異国での経験は大きな武器　監督に必要な四箇条
監督業は引き際が大切　異なるフロントの視線
出よ、フロントのプロ！

第二章　WBC監督問題が伝えるもの――37
五輪は最高峰の舞台ではない　野球界の悪弊――もっとオープンになれ
〝神様はワンちゃん一人〟の珍発言　星野監督要請は〝出来レース〟
不透明な代表監督決定　コミッショナー一任はNO

第三章　星野JAPANの挫折　55
度が過ぎた〝サービス〟　腑に落ちないメンバー選考
コーチ陣の過失　チーム作りのポリシー
プロとアマの協力体制が必須　3敗できる強みを生かせず

第四章　日本式プレーオフの功罪　81
疑問の多い現行システム　メジャーに見られるチャレンジ精神
リーグ再編に一考の余地　メジャーに学べ共存共栄
交流戦日程の再考　日本シリーズの重み
全体が潤う発想を！

第五章　MLBとの付き合い方　103
問題を先送りする日本球界　不要なポスティングシステム
日本と米国の〝絆〟確立　上から目線の対アジア関係
メジャーに見るスカウト網の広さ　日本球界に対する米国側の変化
メジャー流〝海外戦略〟　「野球は文化」の米国

第六章　ＦＡと選手会にもの申す――127
補償金制度は撤廃せよ　ＦＡ取得期間は7年がベスト
まかり通るご都合主義　外国人選手も例外なく扱え
今後が不安の年金問題

第七章　田澤問題とドラフト――143
田澤問題は日本球界の怠慢　ルールを熟知するメジャーのスカウト
シフトチェンジ　日米に見る環境の違い
クリーンなルール作りが重要　プロ野球は競争社会ではないか

第八章　加藤コミッショナーへの提言――161
コミッショナーは球界の改革者たれ　司法官＋行政官＝コミッショナー
求められる組織人たちの意識変革　『株式会社』『事業会社』設立プラン
有識者会議に求める品格と透明性　組織のトップに立つ人材の言葉力

第九章　私の球界改革プラン――181
私的フロント論　日本的GM作りの重要性
坂井・根本・森の最強トライアングル　パブリック・リレーションの充実
ファーム運営の抜本的見直し　若手選手にポストシーズンはない
『二軍の補給部隊』としての機能アップ　メジャーの情報源はファームディレクター
球団経営へひと言①――年俸――　球団経営へひと言②――放映権料――
おかしな日本球界　提案したい『シーザー・リーグ』
独立リーグとの連携

あとがき――221

編集協力　片桐完

# 第一章　監督の選び方

## スター主義とは無縁の米国に学べ

2008年シーズン、日本のプロ野球で新たに監督に就任したのは東京ヤクルトスワローズ・高田繁、北海道日本ハムファイターズ・梨田昌孝、埼玉西武ライオンズ・渡辺久信の三人。09年は阪神タイガース・真弓明信、福岡ソフトバンクホークス・秋山幸二の二人である。五人の経歴をながめると、他球団での監督経験者は二人（高田、梨田）、自軍の二軍監督経験者が二人（渡辺、秋山）で、高田監督は巨人で二軍監督も経験済み。真弓監督は一軍コーチ（近鉄）のみだ。

日本球界はかつてのように、選手からいきなり監督を任せられるということは少なくなったが、監督選びの根底にあるのはマスコミ受けやら世評やらといった要素だ。『明るいキャラクター』だの『人気』だのといったものが能力より優先される。名前と選手時代の実績が重視されているのが現実といっていい。

米国では〝スター主義〟とはまったく無縁。メジャーの監督となるには、マイナーのコーチ、監督を経てというのが一般的だ。さまざまな人種を束ねる力、管理能力、個々の選手の個性・能力を発揮させる手腕などが監督に求められる。それをルーキー・リーグや1Aの指導者を手はじめに磨き続けるのである。会社が採用した社員にいろいろな部署を経験させ、幹部候補生として引き上げていくのに似ている。

監督選びの責任はフロントにある。現在のチーム状況を分析して、選手を育てる監督を選ぶのか、戦いに主体を置く監督を選ぶのか、その判断がフロントに求められる。それが的確かどうか、日本球界では時折、疑問に思えるのだ。

監督個人の適性は別として、最近の二軍監督→一軍監督という指揮官育成ルートには賛成である。二軍に課せられた選手を育成するという作業は非常に難しく、同時に大切なものである。球団が多額の投資をして集めた金の卵をどうやって孵化《ふか》させるのか、チームにとっては重要事項のはずだからだ。

しかしながら、これまでファームの指導者について、多くの球団は往々にして軽視してきた。与えられた戦力で勝利を目指す一軍とは違い、一軍の戦力を一人でも多く育てるのが二軍の使命。当然、監督の仕事も大きな違いがある。なのに、かつては二軍の監督・コーチといえば、それまでの実績に対する論功行賞《ろんこうこうしょう》的に与えられていた。日本の場合、高校卒業でプロ野球の世界に入ってくる選手に対して、野球を教えるだけでなく、社会常識を説いたり人間教育を施さなければいけない。となれば、二軍監督に要求されるものは、ある面、一軍監督より幅広くなってくる。それにふさわしい人物を探さなければいけない。

その点でいえば、米国のマイナー監督はなんでも屋だ。一人で何役もこなす。グラウンド上のことはもちろんだが、切符のもぎりから選手の食事の面倒までみる。75年から二年間、巨人でプレーしたこともあるデーブ・ジョンソン（その後メッツ、レッズ、ドジャース、オリオールズの監督を務めた）がマイナー・リーグの監督だったころ、オーランド（フロリダ州）で再会した。乗っていたワゴン車のハッチを開けると、フライドチキンや食べ物がどっさり積んであった。かつての名二塁手は「これからみんなに食事の準備をしなければいけないんでね」とウインクしたことを覚えている。

こういった戦い以外の部分が重要だ。選手の心技体を熟知するとともに、球団の財政状態等も理解した上で、選手を育てていくことが求められる。だから、二軍監督自身、勉強することがたくさんある。それがいい体験となり、将来につながっていくわけで、球団がファームに力を注ぐことは喜ばしいことだ。

## 指導者・秋山に必要なもの

ハワイの地から日本の監督交代劇を見ていると、球団が適性を見極めて選んだというより、「誰々の線」「誰が押し込んで」というような人のつながりで決まっているように感じられる。08年のシーズン終盤、二つの交代劇があった。阪神では岡田彰布監督が「(13ゲーム差を) 逆転されて、優勝を逃したら辞める」と公式戦中に発言。巨人に連覇を許すと、球団の慰留にもかかわらず、あっさり辞任した。すると、早い段階で「次は真弓」という声が飛び出してくる。真弓氏は近鉄で打撃コーチ、ヘッドコーチを計5年務めている。第三者にいわせると、真弓招聘《しょうへい》の最大の要因は人気だという。「女性ファンが多い」「さわやか」といった、直接、監督の能力には直結しない要素を高く評価した結果と受け止めた。

これはあくまで私の推論だが、ポスト岡田について、最初から「真弓ありき」だった。スポーツ新聞の報道をみても、星野仙一オーナー付シニアディレクターの発言をはじめ、あるときから急速に「真弓監督」誕生に突っ走っていた感がある。真弓監督が不適格というのではなく、現状の阪神をあらゆる角度から解剖して、このチームをどうするのか、という方向性を打ち出し、それを実現するために誰を起用する、という球団のポリシーが見えないのが不満なのである。

簡単にいえば、阪神は真弓監督に勝利を求めているのか、やや高齢化したチームを若返らせ、選手を育てることを求めているのか――、監督選びの経緯とともに、狙いが見えてこないのである。

もう一人の新任、ソフトバンクの秋山監督の場合は、前任者の王貞治監督が3年以上前から「ボクのあとは秋山にさせようと思う」と明言し、私も直接それを聞いたことがある。二軍監督を経験させたあと、チーフコーチとして一軍で勉強させたようだ。秋山が王氏のもとで何をどう吸収したか、これから楽しみではある。私にとって、秋山は西武時代に主力としてともに戦ったプレーヤーである。「指導者・秋山」の評価は現時点では下せないが、現在の指導者にとって、言葉は大切だということは強調しておきたい。選手を納得させる言葉、話術というものが必須となっている。

話は飛ぶが、選手をみていると、将来指導者になれる資質を感じさせる人材がいることに気づく。そういう選手はベテランになると、若い選手に対して将来本人のプラスになるようなアドバイスをしていた。一般的には、若手を引き連れ慕われているだの、人気があるだの、面倒見がいいといわれる人物より、ときに厳しく接し、ある面では煙たがられるベテランの方が、指導者としての能力を持ち合わせていると思える。

ところで、私の密《ひそ》かな喜びといえば、西武時代に一緒に戦ってきた選手たちのなかで、すでに25人ほどが、監督・コーチになっていることである。

## 異国での経験は大きな武器

08年の日本球界で最も注目された指揮官は、埼玉西武ライオンズの渡辺久信監督だろう。就任1年目でリーグ優勝、日本シリーズ制覇。球界最高の栄誉である正力松太郎賞を受賞したのは当然といえる。多くの人が指摘しているが、渡辺監督の歩んだ道が監督1年目の成功に結びついている。

現役時代、西武では三度の最多勝を獲得するなどエースとして君臨したが、1998年に自由契約となってヤクルトに入団すると1年で解雇され、台湾へ渡る。嘉南勇士《かなんゆうし》でプレーイングコーチとして3年間プレーしたのち、帰国後は解説者を経て、西武の二軍コーチ、監督を務めた。

台湾での3年間が、彼を大きく変えたと思う。もし西武で現役を終えていたら、きっとその後の人生は違っていたろう。スターとして勲章を捨てきれなかったと想像する。それが、言葉をはじめ環境が一変した異国で野球を続け、しかもコーチをするということは、相当な苦労をしたことだろう。最初は言葉の通じないところで教えることの困難さを痛感しただろうし、民族の違いをコントロールすることにも腐心したに違いない。人の心をどう読み取るか、自分の意思をどう伝えるかが大きな壁となって迫り、それを乗り越えたと思う。

日本を出て、韓国や台湾でプレーするのは勇気がいること。多くは『都落ち』ととらえるからだ。しかし、どこで野球をやろうと、きちんとした姿勢で臨めば、日本でも役立つ。私が知っている限り、他国で野球を続けている人は勉強をしているし、情報も持っている。それを指導者として生かさない手はないのだ。

異国でのプレーといえば、はじめに書いたように、08年のワールドシリーズを制したフィリーズのマニエル監督がいる。日本にいたときは四番打者として、自分本位というか、わがままな性格だった。ところが、米国に戻って、マイナーからコーチ修業をはじめて変わった。インディアンズの打撃コーチ時代に会って話をしたことがある。「チャーリー、日本にいたときとすっかり変わったな」と。彼は折りたたみ式ネットを組み立て、選手にボールをトスする〝日本式ティー打撃〟を繰り返していた。

米国ではスタンドに置いたボールを打つ、まさにティー打撃をするのが通例だが、チャーリーは、日本ではじめて体験した『トスされたボールをたたく』やり方を帰国後、採り入れた。米国を訪れたとき、インディアンズのマイナーチームからの教え子であるジム・トーミー（現ホワイトソックス）やマニー・ラミレス（09年2月17日時点FA）に聞くと、ともにチャーリーの野球への情熱と指導の熱心さを口にした。

異国での経験をプラスにしたチャーリーも評価されるが、日本から帰国後の彼を見つめてきた球団フロントがいたことに私は注目したい。その人間の情熱や能力を見逃さない人々がきちんといるのだ。

09年から、ケン・モッカ（かつて中日でプレー）が3年ぶりに監督に復帰（ミルウォーキー・ブリュワーズ）した。日本球界にとってなじみのある人物が監督に就任するにあたって、フロントの観察眼というものを考えさせられる。

**監督に必要な四箇条**

ここで、私なりの良い監督の条件を挙げてみる。

①野球への情熱の高さ
②全体を見極める視野の広さ
③決断力と勇気
④「選手が主役」を自覚

いずれも当たり前のことだ。監督とは選手を舞台でいかに演技させるかを考える演出者である。優れた演技をさせるにはあらゆる知識が要求されるし、「人」とどう対峙《たいじ》するかで成否が決まってくる。シーズン中、選手の調子には波がある。監督は好調なプレーヤーについては放っておいてもいい。苦しんでいる選手をどう救うかで力量が測られる。

そのためには、その選手が何をどう苦しんでいるかが、わからなければならない。

それだけの観察眼と、人の気持ちを理解できる心根を備えているかだ。監督は、選手と同時にコーチ陣のうしろ盾になってやらねばならない。信任するコーチに対して、監督は責任を持ち、コーチが能力を思う存分発揮するには監督が拠《よ》り所となる。そして、監督にとってそれは球団であると、私は痛切に感じている。

西武の監督時代、周囲の雑音に惑わされることなくグラウンドに集中できて、万全の目配りができたのは、当時の坂井保之代表、根本陸夫管理部長の強力コンビがフロントに控えていたからである。野球を十二分に理解していながら、現場には一切、口を出さなかった。戦力をそろえるのはフロントの仕事であり、その戦力で戦うのが監督の仕事。だから、私には「好きなようにやってくれ」というだけで、非常に仕事がしやすかったし、戦うことに全力を傾けられた。

フロント幹部は往々にして、試合を振り返って「あそこは、どうか」などと采配や選手起用について言及したがるもの。だが坂井、根本コンビはそんなことはせず、余計なことも耳に入れなかった。

それが、89年、土井正博コーチの賭博容疑逮捕で坂井代表が解任され、92年オフに根本管理部長がダイエー監督就任のため退団すると、状況が一変した。フロントのバックアップを得てグラウンド上の戦いに専念できていたのが、なんと今度はフロントとの戦いが勃発《ぼっぱつ》したのである。坂井、根本コンビは口には出さずとも、常にチーム（現場）に目を向けていた。次に代表となった人物は常に〝上〟を見ていた。西武ライオンズという球団は当時、親会社が西武鉄道だったが、新代表は堤義明オーナーのいる国土計画にばかり顔を向けていたのだ。

## 監督業は引き際が大切

私の場合、勝ち続けたからこそ監督も続けられた。内部では何かあれば、森を更迭しようという動きがあった。堤オーナーからは冗談まじりに「もう勝たなくていいから、長嶋（茂雄）君をトレードできないかな」といわれたこともある。9年間の監督生活の後半は、悩みを抱えながらの毎日だった。やりきれないと思ったのは94年、5年連続でリーグ優勝を飾った日のことだった。5連覇を5球団すべてから勝ち越す完全優勝で達成。自分でいうのはなんだが、ある面、偉業を成し遂げたという達成感に

著者は86年に西武監督に就任以降、94年に退任するまでリーグ優勝8回、日本一6回と黄金時代を築いた。その背景には、それを支えたフロント力があった

西武創設期に監督を務めた根本陸夫氏は、その後、球団管理部長の役に就き、監督を陰から支えた

包まれながら大阪の宿舎に戻ってきたときのことだ。

1シーズンを戦い抜いた苦しさが喜びに変わるときである。当然ながら、祝宴が準備されていると思った。ところが、である。会場に用意されていたのは、通常の食事のみ。加えて代表をはじめ、球団関係者がまったくいなかった。私の体は怒りに震えた。フロントは現場を支える存在ではないのか、我々はフロントから見放されているとの思いに駆られた。

この年限りで退団しようと心に決めてはいた。5連覇を達成したあと、堤オーナーに会い、腹蔵《ふくぞう》なく話し合った。「西武をより強いチームにするためには、フロントも強くならないといけない」と進言。後日、「フロント改革案」を当時の仁杉巌《にすぎいわお》球団社長に提出した。その後、堤オーナーからは「監督のいっていることは概《おおむ》ね了解した」という返事が返ってきた。それが実現されるものでないことも理解した。引き際が迫っていることがわかった。

監督という職業は幕を引くタイミングが大切である。招聘されるときは、三顧の礼というか、口当たりのいいことばかりをいわれるが、辞めるときは、気づいたら外堀を埋められていた、というケースが多いものである。

その点、メジャーははっきりしている。シーズン中であろうと、期待通りの結果を残せなければ解雇が待っている。反面、途中でも契約延長がある。まあ、これは国民性の違いかもしれない。そんなことを考えていると、08年の阪神・岡田監督の辞任を思い出した。確かに13ゲーム差を逆転されたことは、本人にとっては耐え難いものだったに違いない。だからといって、責任を感じて監督を辞めるものなのか。さらにクライマックスシリーズ第1ステージの前に公表することは果たしてどうなのか。

私の場合、94年の日本シリーズ（西武―巨人）開幕前に、すでに退団を決めていた。最終戦後に公表しようと考えていたが、第6戦（結果的には最終戦になった）の試合前に、東京ドームの場内電光ニュースで公のものとなり、忸怩《じくじ》たる思いをした。岡田監督にもすべてが終わってから表明してほしかったが、一方で、あそこでいわざるを得ない、何か憤懣《ふんまん》やるかたない思いがあったのだろうかと想像する。

それは本人しかわからないものだ。ひょっとして、苦しみ抜いた結果の行為で、特定の人物に対して先手を打ったのではないか、などとも考えたが、外部の人間があれこれ推察しても仕方ないことだろう。

## 異なるフロントの視線

監督は引き際が肝心、と書いたが、それは突然、やってくるものだ。私が横浜ベイスターズの監督を辞めたときがそうだった。

就任1年目の01年、ペナントレースを3位で終えた、秋季キャンプのころだった。ニッポン放送の株問題（ヤクルト、横浜両球団の株を保有していることが野球協約違反とされたこと）が表面化して、TBSが球団を買収した。親会社がTBSになったことで、当初は歓迎したものだ。なぜなら、巨人と日本テレビのような関係が築ければいいと思っていたからだ。巨人の繁栄の裏に読売グループという巨大メディアの存在があることは誰もが知るところだろう。

ところがそれは理想で、現実は別物だった。確かに親会社が替わって、TBSでの露出度が高まればいいと思っていたが、まったく別の状況が襲ってきた。いい大人がオモチャを与えられたみたいにはしゃいで、TBS関係者が球場にやってくる。私もまったく知らない人物で、思わずスタッフに「あれは誰なんだ」と問いかけていた。寄ってたかって、みんなでオモチャ遊びをしてくれた。そのうち「監督が地味」だの「テレビ会社には合わない」という私に対する不満が聞こえてくる。大堀隆球団社長以下、フロントの目は親会社に向いていった。

大きく変化した状況に「野球チームを持っている責任はあるのか」「ファンへの還元はどうするのか」と自問自答していた。当時の砂原幸雄オーナー（TBS社長）とは、一度も野球の話をしたことがなかった。開幕試合だったか、球場の監督室で挨拶を交わした程度。親会社、そしてオーナーの横浜ベイスターズへの情熱というものは、あまり感じられなかった。

そんななかで2年目のシーズンも終わろうとしていた。残念ながらチームは最下位。翌年の捲土重来《けんどちょうらい》を期して、補強について球団と話し合っていたころだ。確か遠征先の広島だったと思う。電話一本で「やめてくれ」と通告してきた。これだけは、ビジネスライクなメジャー流だった。腹も立たず、あきれ果てた。私は3年契約を結んでいて、あと1年を残していた。「解雇すればいいじゃないですか」という私に対して、球団は「辞任にしてくれ」という。監督が自ら身を引いたという形にしたい、球団のメンツのためだけだった。

TBSが親会社になっても、フロントにはさほど人材が入ってきていなかった。客観的に見て「TBSが球団経営に本気で取り組んでいない」と直感した。私の目には、球団を持つことで、自社のコマーシャルをしたいとしか思えなかったのである。局の女子アナが浴衣姿でグラウンドに現れたときは「この会社は球団を持つ資格はない」と思ったものだ。

結局、プロ野球チームというソフトをテレビ放送を軸とした本業にどう生かせるかという視点ばかりなのだ。それでいて開幕戦は横浜ではなく巨人戦を放送する（視聴率優先というわけか）。こんなことをいったらなんだが、ニッポン放送が株主だった方がよほど良かった。もう少し野球という文化を尊重してほしかった、というのが退団して6年以上たった現在の正直な気持ちである。

なんでこんなことを書き続けたかというと、経営者や球団フロントにはもう少し、野球への情熱を持ってもらいたいからだ。私が知る限り、米国ではビジネスとしての野球ではあるが、チームにかかわっている人たちすべてが情熱を持ち合わせている。経営者である球団社長は、公式戦の大部分を見ている。それは自軍を十分に把握したいがためだ。ゼネラル・マネジャーはゼネラル・マネジャー（以下ＧＭ）で、編成面ですべての権限を与えられ、高給で契約してもらえるが、失敗すれば即クビである。そこにはチームを強くしたい、という強い意志が感じられる。そういう経営者やフロントが監督を選ぶのである。

## 出《いで》よ、フロントのプロ！

メジャー・リーグでは、監督選びに際して複数候補者から面接を行うケースが増えた。監督候補者は自らがあらゆるところへ売り込みをかける。国民性の違いだろう。日本では非難される行為かもしれない。

売り込み云々《うんぬん》は別にして、複数の候補者から直接考えを聞くというのは、いい方法である。かつての日本の球団の監督選びといえば、候補者がいるとメディアに相談するなどして世評をまず気にする傾向があった。

それよりも独自の判断基準で、自軍の監督にふさわしい人物を選ぶべきだ。そのためには複数の候補者と話し合い、ふるいにかけながら、最適の人物を探し当てることが大事だろう。必要なことは、相手の資質を見抜く目をもった人物がフロントに存在することだ。この章のはじめに書いたように、監督を選ぶのはフロントの仕事だ。グラウンドだけでなく、フロントにもプロが必要ということだ。

日本のプロ野球で相変わらずなのが、ここだ。

経営者、そして球団フロントにプロがいない。幸い、私が最初に監督を務めた西武には坂井、根本というフロントのプロがいた。だが、多くの球団はそうではない。現場の責任者からすれば、野球を知らない球団社長や代表がやってくる。身分は親会社の出向という人も多いから、目や耳は必然的に親会社の方を向く。「つつが無く務めあげて、本社へ戻りたい」「失敗したらクビが飛んでしまう」という思いに駆られるから、何事にも無難な道を選んでしまうのだ。

ユニフォームを着ているときも、また解説者として球界にかかわっていたときも、いつも感じていたのは「経営者、責任者に、プロよ出てこい」ということだった。フロントのプロがいない、という声は常にあったが、ならば育てればいいじゃないか、と思う。そういう人材を公募やリクルートで集め、育て上げることができるのではないか。日本の球界関係者に聞くと「日本でもGMが必要だが、ふさわしい人材がいない」という嘆きが返ってくる。

GMは一般的にいって、編成部門のトップということだろう。チーム作りの最高責任者といっていい。役職名はともかく、かつての根本氏はGM的な仕事をしていた。ほかでは、ボビー・バレンタイン監督と衝突しわずか1年で退団してしまったが、広岡達朗さんがロッテのGMを務めた。最近では日本ハム・高田繁GM（現ヤクルト監督）、オリックス・中村勝広球団本部長がその役割に近い形で動いていた。

最近のメジャー・リーグでは、レッドソックスのセオ・エプスタイン、レイズのアンドリュー・フリードマンに代表される、アイビー・リーグ出身でプロ野球経験のない若きエリートがGM職に就く傾向が目立つが、日本にはいまのところ、彼らのような人材を輩出する土壌はない。

まずはGMの役職確立が第一だから、現場上がりで、社会常識と人間的魅力を持ち合わせた野球に情熱のある人間をその職に就かせたい。いわば日本流GMである。だが、プロ野球は名前、過去の実績、学閥、学歴などが幅を利かせるところ。そんな旧態依然とした世界を変革するような人物と球団が出てくることを私は望んでいる。

先ほど書いた高田GMや、現在の島田利正統轄本部長が編成部門の責任者を務める日本ハムの大社啓二《おおこそひろじ》オーナーは、そのフロント改革を提唱する一人である。ヨーロッパのサッカーに興味を持って見続け、「野球に採り入れるものはないか」と常に考えてきたという。私はサッカー（ヨーロッパではフットボールだが）のことはよく知らないが、地域に根ざしたクラブが主体だそうだ。日本ハムは04年、東京から札幌へ本拠地を移転するという大きな決断をした。結果は大成功だった。チームも変わった。「チームを改革するにはフロントも改革する」という大社さんの発想は正鵠《せいこく》を射ている。

フロントが変わることで、監督選びも変わってくるのだ。

# 第二章　ＷＢＣ監督問題が伝えるもの

## 五輪は最高峰の舞台ではない

ワールド・ベースボール・クラシック（以下ＷＢＣ）の第1回大会（２００6年3月）は、日本人にとって強烈な思い出を残したと思う。第2ラウンドで韓国、米国に敗れ、準決勝進出がほぼ絶望視されていたのに、米国がメキシコに敗退。失点率という大会ルールに救われて際どく準決勝に進出すると、予選ラウンドから連敗していた韓国に勝ち、決勝でもキューバに快勝して栄えある第1回大会覇者となった。同時に世紀の誤審あり、賞金の遅配ありで、課題を多く残したからだろう。

ＷＢＣについてはいろいろな見方があるが、根本はメジャー・リーグによる国際大会ということだ。野球の国際大会といえば、五輪をはじめ、ワールドカップ、インターコンチネンタルカップが3大大会で、いずれも国際野球連盟（ＩＢＡＦ）の大会である。日本は、五輪に2大会連続のオールプロで参加。ワールドカップにはプロアマ混成チームで出場したこともあるが、インターコンチネンタルカップとともにアマチュアの大会という印象が強い。

野球は、12年のロンドン五輪より実施競技から外れる。ファン・アントニオ・サマランチＩＯＣ会長時代、「オリンピックには、世界のトップ選手が出場すべき」という考えから、プロ選手が多くの五輪競技に参加した。現在はプロアマを区別することには意味がなくなっている。その主張に沿えば、世界最高であるメジャー・リーグの選手が参加しなければ意味がない、ということになる。ところが、五輪は原則的に8月開催である。この時期、メジャー・リーグ・ベースボール（以下ＭＬＢ）の選手はペナントレースを一時離脱することはできない。だからプロが参加できるようになっても、米国は常にマイナー・リーグの選手を集めて代表チームを作ってきた。

五輪が世界最高の大会にならないならば、メジャー・リーグが参加する世界大会を実施しようとはじまったのがＷＢＣだ。といっても、運営会社はＭＬＢが作ったもの。運営委員会には日本をはじめ他国が加わっているが、最終決定権はＭＬＢと大リーグ選手会にある。確かにメジャー・リーグには多くの国から最高のプレーヤーが集まっている。その選手たちを普段の所属チームでの対戦ではなく、国別対抗戦でファンに見せたらどうだろう、というのがＭＬＢの発想だと思う。

野球発展地域の北中米、カリブ、東アジアが主体となるのは仕方ないところだが、これに欧州・アフリカを加えれば、一応世界大会の格好はつく。表向きは世界的な野球普及であり、裏ではMLBによる世界規模の市場開拓がある。

08年7月、第2回WBC（09年3月）の準決勝、決勝をロサンゼルスのドジャー・スタジアムで行うと発表された。このとき、主催者であるMLBは「第1回大会は大成功だった。野球への国際的な熱狂と情熱を示した」と評価した。大会全体で約74万人の観客を動員し、10カ国語で世界に放映されたという。ただし、世界最高の野球国際大会にしようというのがMLBの思惑だが、その先はまだ見えていない。

## 野球界の悪弊――もっとオープンになれ

WBCの問題点はあとで述べるとして、この新興大会が定着すれば、日本の球界も対処しやすくなる部分がある。現在、五輪の日本代表チームはオールプロとなっているが、私は、社会人、大学生を主体としたアマチュア選手で構成したらいいと考えている。ロンドン五輪はひとまず除外されるが、復活の可能性は残されているという。

1984年のロサンゼルス大会で公開競技として採用され、92年バルセロナ大会から正式競技となった野球。この時点で、アマ野球関係者にとって、五輪は最高の目標に変わった。選手にしても「オリンピックにいける」というのは高いモチベーションになっただろう。

それが〝プロ解禁〟となった00年のシドニー大会は、プロアマ混成チームで臨み、04年アテネ大会以降は、オールプロで代表チームを編成している。私を含めて多くのファンは、アマ→プロへの移行の経緯がよくわからない。

私なりに調べてみると、92年のバルセロナ五輪をにらんで、アマ側は社会人を統括する日本野球連盟と学生を統括する日本学生野球協会が連携して、90年に全日本アマチュア野球連盟を結成。JOC（日本オリンピック委員会）に加盟した。その後、プロ選手の五輪参加が認められると、プロアマが協力して代表チームを結成するための統一組織結成の必要に迫られた。

だが、ここが野球界の難しいところで、他の競技団体のようなピラミッド型の統一された組織ができていない。長年の利害関係、既得権、プロアマの垣根もあって、結局、アマも各団体が並行して存在するなかで、プロとの横断的な組織として誕生したのが、全日本野球会議（94年発足）だった。五つある委員会のうち『日本代表委員会』が五輪代表チームについて検討するとしている。

元来、アマ選手が出場していた五輪だが、プロ参加を望んだのもアマ側と聞いている。予選で戦う韓国、台湾がプロ選手で代表チームを作ったことで「予選を勝ち抜くには日本もプロ主体で代表チームを編成しなければ」となったという。

結果、プロアマ混成のシドニー五輪で4位に終わり、アテネ、北京ではオールプロで戦ったものの3位、4位だった。せっかくの五輪という舞台がありながら、最初からプロに譲りわたしてしまったアマ側の意図はわからない。プロにはアマ時代に五輪出場経験のある選手も多い。彼らにとって貴重な体験だったはずだ。それを「予選を勝ち抜けないから」という理由でプロに委ねていいのだろうかとも思う。

果たしてこの決定にいたるまでに、深い議論はあったのか。全日本野球会議・日本代表編成委員会でどんな議論がなされて、どういう決定がなされたのか、一般のファンには理解されていない。野球界の悪弊だが、情報開示が足りない、密室で物事が決まることが多すぎる。北京五輪については次の章で書くが、もし16年以降、野球が五輪に帰ってくるならば、私は五輪がアマ、WBCがプロという棲《す》み分けをすべきだと思う。「それではとても勝てない」と反論する向きには、プロのファームとアマの社会人・学生の混合チームではどうだろうか。

現状で日本代表に不足している国際試合経験はアマの方が豊富だし、ファームと社会人の交流が今後さらに深まるなかで、統一チームへの障害は減ってくると思うからだ。同時にプロアマ関係に良い影響を与えると信じている。

## 〝神様はワンちゃん一人〟の珍発言

私はこの章でWBC監督問題について書こうとしているが、ここでも顔を出すのが情報非開示ということである。複数のメディアによれば、当初、星野仙一・北京五輪代表監督が、WBCでも指揮を執ることが有力視されていたそうだ。事実、五輪期間中、星野監督がWBC日本代表監督を打診されていたことを匂わせるコメントをしている。しかし「金メダルしかいらない」と乗り込んだ北京で、金どころかメダルにも届かなかった。すべてではないにせよ、星野監督には敗軍の将としての反省と責任があったはず。五輪は全日本野球会議というプロアマ横断の組織から選出されたものだが、WBC代表監督は純粋に日本プロフェッショナル野球組織（以下NPB）が選ぶもの。同じ代表チームといっても、別物といっていい。その間のいきさつが一般のファンには非常にわかりにくくなっているのが実情だ。

ハワイで得る情報では、誰がWBC代表監督を決めるのかという点が不明瞭だった。簡単にいえば『プロ野球界』が決めるのだろう。すると実質的には12球団であり、その意思をまとめるコミッショナーということになるのだろうか。だが、実際には特定の別の人物の意向が反映されていた。その人物は、北京敗戦後も「星野君にも欠点はあるし、失敗したかもしれんけど、星野君以上の人物がいるならいいが、俺はいるとは思わない」と、WBC監督就任を強く主張していた。

しかし星野監督へのバッシングの高まりを感じると、今度は「（WBCのような国際大会では）神様が必要。神様は今やワンちゃん一人。コミッショナー以下、みんなで土下座して頼むしかない。（星野監督を推したのは）人間のなかでは星野監督が一番といったんだ」と、珍妙な論理で方向転換を図った渡辺恒雄・巨人軍会長その人である。

渡辺会長はこれまでも球界の世論作りをしてきた人物。王氏が体調面での不安があるのはわかりきったことだったから、「星野監督」で推したかったに違いない。だが12球団の意向は異なっていた。WBC代表監督選考方法についてアンケートをとったところ、中日は「去年または今年の日本一チームの監督にやってもらうというようなルールを作ろう」という、至極まっとうな主張をしたようだったが、なぜか採用されず。結局、意見は一本化できず、新任の加藤良三コミッショナーに一任というあまりに日本的な結論を出した。

一任された加藤コミッショナーは、諮問機関ともいうべき『WBC体制検討会議』を発足させ、ここで代表監督を決定しようとした。メンバーはWBC日本代表コミッショナー特別顧問に就任したばかりの王のほか、星野、現役監督である楽天・野村克也、ヤクルト・高田繁、選手として五輪など国際大会出場経験のある野村謙二郎（元広島）の各氏だった。この顔ぶれを見たとき「なぜこのメンバーなのか」という思いがこみ上げた。ここでも情報開示がされていない。または、メディアがその努力をしていないのか。いつもの球界流である。

加藤コミッショナーは就任にあたって「NPBの取り決めは公平性、透明性のあるものとする」と語っている。この会議による決定は、当然そのポリシーに沿ったものと考えていいのだろう。

## 星野監督要請は〝出来レース〟

WBC体制検討会議の第1回会合が08年10月15日に開かれた。ここからは報道でしか知りえないのだが、野村監督が「王がやればいい」と発言した以外は「現役監督は避けるべき」という意見だったという。もともと選択肢が少なかったわけで、このときには星野監督が最有力となった。渡辺会長の思惑とも一致している。

この会議の前に、加藤コミッショナーも王特別顧問も渡辺会長に会っている。だから、星野監督の流れになったとはいわないが、球界に大きな影響力を持つ実力者と面談することで余計な誤解を生まないとは限らない。

第1回会合では内定とはいかなかったが、流れは『星野JAPAN』だった。しかし、野村監督だけが一連の流れに異議を唱え、翌日に「出来レースじゃないの」という発言をした。「王が『星野がやるのがいい』と、いっていた」と会議の内容を明かしたことからもわかるように、最初から星野ありきではないか、という疑問は大方のファン共通のもの。ここから監督選びの方向が変わった。

星野JAPAN誕生に「NO」を突きつけたのが、10月18日に共同通信が配信したイチローの発言だった。要約すれば「最強のチームを作るという一方で、現役監督から選ぶのは難しい、では本気で最強チームを作ろうとしているとは思えない」「大切なのは足並みをそろえること。(惨敗した)北京の流れから(WBCを)リベンジの場ととらえている空気があるとしたら、チームが足並みをそろえることなど不可能でしょう」という内容だった。

まさに正論だった。プロの集団として最強のチームを作れ、という主張には納得できる。北京五輪とWBCでは性格がまったく違うのだから「五輪のリベンジ」と考えている人間は必要ない、と明確だ。ただし、そういう発言が、国内からなぜ出てこないのか。イチローが発言する前に、球界の人間がいうべきだろう。メディアや野球評論家はどうしたのだろう。メディアはイチローが発言したことで、急に星野JAPA

Nに疑問を持ちはじめた。これもまた情けない。

また、第1回会合後、野村監督が会議の内容の一部をメディアに明かしたことについて、高田氏が「会議のなかのことを話すのはルール違反」と発言したことにも違和感を覚える。『公平性と透明性』を旗印にしていた加藤コミッショナーが設置した委員会で、密室協議をする意味がない。ましてや、国民も大きな関心を寄せている代表監督問題である。会議の内容、経過、発言内容については、一定の範囲でメディアに伝えるべきだろう。ここにも情報開示の遅れがある。

そういうなかで、星野氏が10月22日、加藤コミッショナーに監督就任要請があっても断る旨を伝え、自身のオフィシャルサイトでも表明した。当時、日本でも話題になったと聞く。私もインターネットで目にした。

「現在のこうした否定的な世論やメディアのなかで、たとえ（監督を）やったとしても決して盛り上がることはないだろうし、またそうした支持がなかったら成功なんかするわけがない」

予想以上のバッシングに落胆している様子が十分にうかがえる。同時にお嬢さんが心労で入院したことなどを伝え、家族を巻き込んだ騒動が監督要請拒否につながったとしている。星野氏自身も相当傷ついただろう。彼も犠牲者だ。

### 不透明な代表監督決定

星野氏が辞退したことで、代表監督問題は白紙に戻ったはずだが、どうもそうではなかったようだ。日本国内のメディアの知り合いから話を聞いた。第2回体制検討会議では方向性がすっかり変わっていたという。第1回の会議では、現役監督を外すことで一致していたようなのに、わずか1時間の会議で出てきた名前は、現役の原辰徳・巨人軍監督だった。楽天の野村監督に就任を打診する一幕もあったと伝えられているが、『世代交代』というこじつけを理由に、リストアップされなかったらしい。

第三者からみると、一体何があったのだろうかと思う。ここからは私が日本のメディア報道を客観的に分析した上での推論である。

時系列に並べてみると、10月22日に星野氏が辞退表明。24日に、まずは加藤コミッショナーが「常識として現役監督は大変だろうという思いはあるが、それを排除するものではない」と従来からの方向転換を図る発言をした。これがいってみれば露払い(つゆはら)で、同日に巨人の滝鼻卓雄《たきはなたくお》オーナーが「原監督が指名されれば、名誉なことだし、断るのも断りにくいだろう」と語った。

突然、名門球団の最高責任者が、自軍の監督を候補者として推したことになる。私だけかもしれないが、コミッショナー、巨人がタイミングを計ったように連動して動き出した、と思えるのだ。

「現役監督はNO」が一気に現役オンリーへ、極端な舵取りをしたように感じた。現役監督から選ぶとなると、この時点でパ・リーグは西武がリーグ優勝し、日本シリーズ出場も決めていた。セ・リーグはクライマックスシリーズを巨人と中日が競っていた。一般的に考えれば（メディアの報道も）西武・渡辺監督、巨人・原監督、中日・落合博満監督が候補者として挙がる。渡辺、落合両監督とも就任には否定的だった。単純にいえば残るは原監督になる。巨人というより親会社である読売新聞社の意向がここで働いたとみるのが妥当かもしれない。WBCのアジアラウンドは同社の主催。興行的に成功させるためにも自社の「意思」が通せる体制を作りたいはずだ。

WBCは日本プロ野球界が総力を挙げて戦う大会。二転三転の末に原辰徳WBC監督は誕生したが、今後に課題を残している

直接的にいえば、「自分たちのいうことを聞く監督がいい」ということだ。となれば、原監督が一番手であることは間違いない。あとは、本人をどう説得するかだけである。それがクリアされ、監督任命者である加藤コミッショナーと摺《す》り合わせたところで『原日本代表監督』が誕生した、というのが私の考えるあらすじである。

10月27日の第2回検討会議で『原監督』を最優力候補として持ち出したのは加藤コミッショナー自身である。この結末には、首を傾《かし》げざるを得ない。加藤コミッショナーは、王氏をコミッショナー特別顧問に迎え、球界からも幅広く意見を募った。だが、規定路線だった『星野監督』が崩れたとき、自分の意思で代表監督を決められたのだろうか。原監督に決定するまでのスッタモンダは、スマートではない。加藤コミッショナーは、周囲に気配りができる人だが、あちこちに気を遣いすぎたように思う。

WBCはさまざまな問題を抱えているにせよ、五輪と違い、日本プロ野球が総力を挙げて戦う大会ではなかったか。

そのためには12球団が協力体制をとらないといけない。監督決定にしても、あまりに不透明すぎる。やはり、代表監督決定のルール作りをしなければならない。この騒動のなかでも取り上げられていた「前年の日本一監督が就任する」というのも、一つの案だ。これなら多くの人の理解は得られるだろう。今回、日本球界の悪弊で、問題解決を先送りして、その場しのぎといっていい原監督を誕生させた。

## コミッショナー一任はNO

今回の騒ぎで思い出したのは、94年のオフに野茂英雄（当時・近鉄）が所属球団の了承がなければ他球団へ移籍できない任意引退選手で米球界入りしたときのことだ。当時、メジャーでは、野茂はフリーエージェント（自由契約選手）として認識されていて、海外移籍を想定していない野球協約の不備といわれた。4年後に悪名高き『日米間選手契約に関する協定』（ポスティングが規定されている）が締結された。本来は問題が起きた直後にきちんとしたルールを作るべきだった。

さて、WBCの第3回大会は13年に開催され、以降は4年ごとに行われるという。では第3回大会の監督は誰が、という話になるわけで、前述した「前年の日本一監督が就任する」ということになれば、非常にわかりやすい。今回のように「コミッショナー一任」はNOである。政界で意見が対立すると必ず出てくる「幹事長一任」じゃあるまいし、筋の通った決め事にしてもらわなければならない。

加えて「監督を誰が決めるのか」という問題がある。サッカーなどのように、日本代表の国際試合があり、そのための強化合宿がかなりの頻度で行われる競技なら、必然的に「強化委員会」的なものが設置される。監督は、例えば4年契約を結び、自らの意向を反映した代表選手を選ぶことができる。

ところが野球の場合は、五輪で実施競技として復活しないと、プロ野球のトッププレーヤーが出場する国際大会はWBCぐらいしかないから、代表選考も合宿もほとんどない。代表チーム自体が常に存在するわけではないのだ。ならば、代表監督を決める権限を持ったセクションを日本野球機構のなかに作って、日本代表の窓口とすべきだ。『日本一監督』とするのもいいし、在野も含めて人材を探し一定期間契約するのもいいと考える。大事なのは決め方のルールを定めておくことだ。

第三章

# 星野ＪＡＰＡＮの挫折

度が過ぎた〝サービス〟

その記事を読んだとき、あ然とした。私は、スポーツ紙を含む日本の新聞のホームページのチェックを日課としている。日本時間で2008年12月19日午前7時40分に配信された日刊スポーツの記事だ。紙面にも掲載されているので、そのまま引用してみる。

「社会人野球を統括する日本野球連盟・松田昌士会長が、ベストナイン表彰式の冒頭で再び星野JAPANについて言及した。『オリンピックの監督を選ぶ委員長は私ですが、あれは間違った。星野さんが悪いというわけではないが、このメンバー（ベストナイン）と監督、コーチでいけば違う結果になった』と話した」

松田会長は、4位に終わった北京五輪後にも厳しい意見を口にしている。オールプロの代表チームを送り出したのだから、メダルなしとは言語道断とでも思ったか。ただし、発言にもあるように、松田会長は全日本野球会議・日本代表編成委員会委員長で、代表監督を選ぶ責任者なのである。

その立場の人が、たとえ、アマのベストナインを表彰する場でのリップサービスとはいえ「アマでも勝てる」的発言はいかがなものかと思う。第二章でも触れたが、もし五輪野球が復活したら、これまでのように「プロでないと勝てない」といった〝泣き言〟はいわずにアマで予選を勝ち抜き、本大会に出ればいいのではないか。大会が終わって4カ月以上たっても、北京余波は残っていた。それほど星野JAPANの敗退はショックだったのだろう。この章ではあらためて、敗因分析と今後に生かす道を考えてみたい。

## 腑《ふ》に落ちないメンバー選考

①コーチの人選

敗退後、批判にさらされる要因の一つだったが、多くは結果論だと思う。プロ野球全体が協力するという前提に立つならば、人選に際して議論があってしかるべきだったが、結局は監督に丸投げした。山本浩二、田淵幸一、大野豊の三人でよかったのか。五輪の場合、登録できるコーチが三人と少ない。とくに野手担当の場合、当然だが、動けるコーチでないといけない。監督の手足となって、実務的なアシストをこなさなければならないからだ。だから肉体的条件が問われてくる。コーチの人数が多ければ、デーンと構えていてもいいが、そうではないわけだから、人選にあたっては慎重に進めるべきだったと思う。

山本、田淵両コーチがどう機能したかは、わからない。だが、敗戦後のメディアの報道をみると、大学時代からの『親友三人組』という枠から飛び出すことはできなかったようだ。加えて、二人とも現役時代は四番打者で、チームの主軸。さらに監督経験もあるが、コーチとしての資質はどうだったのか。さらに国際試合の経験不足という決定的要素もあった。それを事前に指摘して、コーチ人選を進めることができなかった日本代表編成委員会の弱さ（というより、星野監督ときちんと事前協議をできなかった準備不足）を感じる。

②代表選手選考

当初から抱いていた疑問をはじめに書く。北京五輪には8カ国（日本との対戦順にキューバ、台湾、オランダ、韓国、カナダ、中国、米国）が参加、総当たりのリーグ戦を行い、上位4カ国で準決勝（1位－4位、2位－3位）、その勝者が決勝に進出する。大会前から4強は十分に予測がついていた。キューバ、韓国、米国と日本である。したがって、相手3カ国との戦いを最優先にチームを構成し、戦略・戦術を決めていくことが重要だ。ライバルの野球の体質を理解し、それに勝つにはどういう野球をやるべきなのか。そこから代表選手の人選がはじまると思う。

現実はどうだったか。07年12月のアジア予選（台湾）を戦った選手が主体の編成になった。予選では韓国、台湾との戦いで星野監督はいわゆる『スモールベースボール』を選択したようにみえた。

では五輪本番でも同じでいいのか、という疑問がわく。本大会で顔を合わせるキューバ、米国に対しても、同様の戦いをしようとしたのだろう。それはそれでいい。ただし「こういう野球を北京では目指すから、このメンバーを選びました」という説明がなかったように思う。私がただ知らないだけかもしれないが、この点でも情報開示がなされていなかった。

私だけではないと思うが、「このチームが北京で戦うベストの布陣か」という疑問がついて回った。今回は1球団から選出する選手の人数制限はなかった。いわば、ベストの人選ができたはずである。結果は……。故障者を選んだだけでなく「なぜこの選手が入らないのだろう」という思いも常にあった。例えば、先発陣の柱と思われた岩隈久志（楽天）が漏《も》れた。キューバ、米国、韓国との戦いを考えたら、縦の変化で勝負できる岩隈は大きな存在だし、何より、ペナントレースで好調だった。

一方で、調子の上がらない上原浩治（当時・巨人）を代表に入れることを、星野監督は早々に宣言している。代表選考会議の会場から携帯電話で直接、本人に連絡をとる、といったパフォーマンスまで演じた。『国際試合12連勝』という実績を買ったのか、過去の代表チームでも投手陣のまとめ役だったことで『投手キャプテン』にしたかったのかはわからないが、第三者からすれば、釈然としない。さらに結果として、わずか2試合2イニングの登板で大会を終えたことは、何を意味するのだろう。名実相反するものだったことだけは確かだろう。

### ③戦略・戦術の欠如

投手陣の話を続ける。先ほども書いたように、1次リーグで4位以内に入ることは目にみえていた。普通に考えれば最大3敗までできるのだ（結果的にはそうなった）。

となると金メダルを取るには準決勝がもっとも大事な戦いになる。したがって、もっとも信頼の置けるエース、今回ならダルビッシュ有（日本ハム）を、8月22日の準決勝に投げさせることが基本方針になり、全体の先発ローテーションも決まってくる。大会前、星野監督はそう考えていたのではないか。しかし、メディアの報道を見ていたら、途中で「開幕戦（8月13日・対キューバ）をぜひ勝ちたいのでダルビッシュを投げさせる」といったニュアンスを伝えてきた。

なんとしても勝ってチームに勢いをつけたい気持ちはわかる。ただし、また決勝トーナメントで戦う可能性が強い相手である。勝敗は無論大事だが、それより、事前に調べていたキューバのデータと実際に戦ってみて得られたデータの違いがわかるはずだ。たとえ負けても、次回の戦いに生かせる敗戦であればいいのである。結局、ダルビッシュは本来の投球ができず、5回途中で成瀬善久（ロッテ）にマウンドを譲り決勝打を浴びた。ダルビッシュはその後、中6日で1次リーグ最終戦（8月20日）の米国戦にリリーフ、2回を投げた。

これでは、常識的に決勝トーナメント（8月22、23日）の先発は難しい。16日の1

次リーグ・韓国戦に先発して中5日で準決勝に臨むというのが本来の戦い方ではないか。本当にダルビッシュを中心に据えていたのか、はなはだ疑問だ。

大会ルールの影におびえた敗戦もあった。1次リーグ4戦目の韓国戦（8月16日）だ。両軍無得点で迎えた6回裏に2点を先制。「6回までにリードすれば、7回から、藤川球児、岩瀬仁紀、上原のトリプルストッパー導入」が基本方針だったと聞く。しかし、日本ベンチは先発・和田毅（ソフトバンク）を続投させ、同点2ランを浴び、勝利をたぐり寄せることができなかった。試合後、星野監督は「オレの継投ミス」と話したが、現地で取材した記者によれば「タイブレークの影におびえた」というのである。タイブレークとは、時間短縮のために採り入れられたルールで、10回までに決着しない場合、11回以降は無死一、二塁から開始する試合方式だ。韓国戦の前日、台湾が中国にタイブレークの末、サヨナラ負けするという番狂わせがあり、タイブレークの脅威が頭からはなれなかったという。

7回から藤川、岩瀬、上原という構想が「延長11回以降の戦い」という幻影の前に崩壊、和田の続投になったという。試合方式に対するスタンスが戦略にブレを生じさせてしまった例である。したがって、この試合以降、藤川がタイブレーク要員、上原を勝ち試合の抑えに限定したため、他の投手に大きな影響を及ぼした。その代表格が川上憲伸と岩瀬である。本来は先発タイプである川上を中継ぎで起用。9試合中、チーム最多の5試合に登板させた。

一方で起用が限られた上原は2試合のみに終わった。

加えて、岩瀬は決して好調とはいえなかった。それはおそらく日本での直前合宿からそういう状態だったのだろう。しかし、不調の岩瀬を大事な場面で何度も投入。準決勝の韓国戦で李承燁に勝ち越し本塁打を打たれたことは、みなさんも苦い記憶として残っているだろう。

## コーチ陣の過失

この二人に代表されるように、星野監督は扱いやすい投手を酷使（あえていうなら）する傾向があった。川上も岩瀬も中日監督時代の部下である。これは代表監督としては不適格といわざるを得ない。単独チームの監督なら、選手はどうしても監督の顔色をうかがうもので、少々理不尽と思われる起用法でもなんとかついてきてくれる。だが、代表チームではそうはいかない。その場限りの関係でもある。大事なのはやはり信頼関係だ。果たしてこのチームの監督と選手の間に太い絆はあったのか。心の通った関係というものは、私には感じられなかった。

代表チームは普段の所属する球団とは違い、いい方は悪いが寄せ集めである。代表に選ばれるのだから、個々の選手が技量的に優れていることは当然である。野球は団体競技であるから、全員が一つの目的に向かっていく戦闘集団でなければいけない。そのためには「我々はこう戦う」という基本戦略が必要だ。その上で、相手や大会のルールを見ながらの戦術というものが生まれてくるのだが、北京五輪の代表チームに、それはなかった。

④短期戦の戦い方

北京五輪の戦いのなかで、目立ったのが守りのミスである。例えば、G・G・佐藤(西武)のケース。信じられないミスが続いたが、そもそも普段守ったことのない左翼のポジションでなぜ使うのか、という疑問がある。それはよしとしても、準決勝で手痛いエラーをして精神的に落ち込んでいる選手を3位決定戦で起用して、また初歩的エラーをしてしまう。これは起用する方の過失である。精神・肉体のコンディションを見極めることが、五輪のような大舞台で戦うために必要なことである。

短期戦には短期戦の戦い方がある。どんなにいい選手でも、短期戦では調子を取り戻すことは難しい。だから、その選手を外すかどうかは監督の決断による。それが勝敗に直結することもあるのだ。客観的に見て、あのときのG・G・佐藤の状態だったら、3位決定戦では決して使うことはないだろう。星野監督なりの考えもあったに違いない。大きなミスをした選手をあえて先発で起用して奮起をうながす、という考えだったのか。

長期間のリーグ戦なら、そのやり方も通用したかもしれない。だが、もう負けられないという一戦で、それはどうだろうか。加えて、G・G・佐藤という選手をどれだけ理解していたか、という思いも残る。

現実に、彼は帰国後、良いコンディションに戻ることはなかった。誤解を恐れずにいえば『北京後遺症』ではなかったか。G・G・佐藤だけではない。新井貴浩（阪神）、川崎宗則（ソフトバンク）、西岡剛（ロッテ）、川上と、帰国後に後遺症に悩み続ける選手は多かった。

そのなかでも新井の場合は悲劇としかいいようがない。大会に出発する前から腰痛を訴えていた。外からみる限り、かなり無理して代表に入り、試合に出るなかで腰椎骨折が判明した。北京へ行かず、治療なり休養をしていれば、阪神の後半戦の戦いはかなり違っていたと思う。川崎にしてもしかり。彼も直前合宿のときから左足甲を痛めており、初戦のキューバ戦の途中でリタイアした。コンディションがいいとは思えない選手を代表入りさせたことは、問題である。

となれば、選手選考にも問題があったといわざるを得ない。北京五輪のメンバーがベストとはいい難い。大会3カ月後の11月26日に日本オリンピック委員会（JOC）から発表された『北京五輪日本選手団報告書』では、代表選手決定について「当該選手本人から全力でプレーできることを確認した上で」と記されている。

選手は「いけるか」と聞かれれば「いける」と答えるもの。田淵コーチは川崎について、「開幕戦でプレーすれば（左足甲が）悪くなるのはわかっていた」とスポーツ紙の取材に答えている。果たして選手のコンディションを理解していたといえるのだろうか。

## チーム作りのポリシー

### ⑤選手村問題

大会終了後、メダルなしに終わったこともあり、JOC、アマ野球界からは厳しい指摘を受けた。そのなかで、私もなるほどと思ったのが、野球チームが選手村に入らなかったことだ。五輪は通常、経験できない舞台だ。こういう機会に、他競技、他国の選手と交流して得られるものは非常に大きいと思う。そんな貴重な体験ができるのに、しなかったことはとても残念である。高級ホテルなどいつでも泊まれるではないか。オリンピックの選手村ですごす経験などめったにないのだから。

確かシドニー五輪では選手村に入村したはず。前回のアテネ五輪で豪華ホテルに泊まり、日本から専属シェフを連れてきた。北京五輪でもそれを踏襲したのだろう。プロだから違うといういい分はあるかもしれない。それなら金メダルを取り、文句をいわせないことだ。それこそがプロフェッショナルの仕事である。

そのことで思い浮かぶのは、米国のバスケットボール代表である。日本の野球チームと同様、選手村ではなく高級ホテルを宿舎とした。しかし、結果は金メダルを獲得した。ホノルルにいると米国の4大スポーツ、NFL（アメリカンフットボール）、NBA（バスケットボール）MLB（野球）、NHL（アイスホッケー）と必然的に向き合うことになる。私もNBAの中継を楽しんでいるが、リーグ戦で見る選手の表情が、五輪ではまったく違っていた。

米国のお家芸といわれ、五輪でプロの参加が認められてからは、NBAのスター選手で構成されるドリームチームで戦ってきた。ところが、前回のアテネ五輪では金メダルを逃してしまった。捲土重来を期していたのだと思う。

驚いたのは、選手はNBAのトッププレーヤーだが、監督はデューク大ヘッドコーチのマイク・シュシェフスキーだったことだ。日本でも知られているコービー・ブライアント、レブロン・ジェームス、ジェイソン・キッドらNBAのスター選手12人によるチーム編成で、しかもドリームチームといっても代表に選ばれないスーパースタ

マイク・シュシェフスキー（中央）に率いられた米国バスケットボール代表は北京五輪で金メダルを獲得。指揮官の手腕は高く評価された

ーがたくさんいるなかでである。

聞いてみると、今回のチームは〝スピード重視〟で『速さを軸』に選手選考をしたという。なぜなら、それこそが金メダルを取るためのキーポイントだったからである。チーム作りのポリシーが明らかで、戦術もはっきりしていた。勝つためのチーム作りにこだわっていた。

世界選手権優勝のスペインをはじめ強敵が相手だ。だが中心選手はほとんどがNBAでプレーしている選手である。当然、彼らの強みも弱みも知り尽くしている。戦いの裏では相当の情報収集が行われていただろう。違うスポーツの世界ながら興味深く見ていた。明確なのは勝つために何をすべきか、ということだ。監督の選出、チーム構成、戦術、相手チームの分析……。すべては戦いに勝つためのものだ。その上でのゲーム。北京五輪の戦いで、あんなに一人ひとりが勝負にこだわり、悔しがり、喜びを見せるとは意外だった。翻って、野球の日本代表チームは勝つために最善の策をとったのかを問いたい。

## ⑥準備は万全だったか

ＪＯＣへの報告書によると、前回アテネ五輪における課題の一つとして「オールプロによる選手編成のため、各所属球団の意向を最優先した合宿日程や渡航日の調整を行う必要があり、事前合宿を大会前に十分実施できず、チームの組織的な練習が不十分だった」としている。

その準備不足に対する反省を今回は生かせたのだろうか。答えは否である。大会の日程ははっきりしているのだし、球界が総力を挙げてバックアップしているのだったら、前回できなかった事前合宿を長期化するとか、練習試合のあり方に変更があってもよかった。しかし現実は前回同様といっていい。4年前の課題は克服できず、反省も生きなかった。相手をみくびっていなかったか、油断はなかったか、と問いたい。

### プロとアマの協力体制が必須

ライバルの韓国が8月1日から25日までプロ野球のペナントレースを中断し、公式戦の使用球を国際大会仕様に変え、さらに大会直前にキューバ、オランダを招いて練習試合を実施したのとは対照的だ。結果的にその韓国が金メダルを獲得したことは、やはり準備の仕方に一日の長があったのではないか。もちろん、韓国の選手は金メダル獲得で兵役を免除されるなど、目の前に〝ニンジン〟をぶら下げられたことも要因ではあったが……。ただし、そのなかでも強化試合のあり方には疑問が残る。日本代表は、北京出発前に巨人二軍、セ・リーグ選抜、パ・リーグ選抜との3試合を予定していたが、巨人二軍戦は雨で中止となり、2試合のみとなった。

試合中の照明を五輪使用球場の明るさに落としたり、大会使用球を試すなどしたが、テレビ中継向けの壮行試合的要素が大きく、実になったとはいえない。それこそ、韓国、キューバとの3カ国で練習試合を組む方が強化にはなったろう。国内の強化試合より、いろいろ隠す部分が多いとはいえ、国際試合を行えなかったかと思う。

加えて気になったのが、星野監督以下スタッフが「現場感覚を取り戻したい」との理由から、阪神、広島の二軍戦のベンチで指揮を執ったこと。関係各所のOKをとっているとはいえ、何か釈然としなかった。自分がチームに所属していないからそうなるのだろうが、代表チームの監督やコーチが実戦から遠ざかってしまうのは考えものだ。今後、現役監督でない人物が代表監督を務めることがあるなら、オープン戦やオフの試合などでベンチ入りできる機会を作ってあげるべきではないのか。

準備といえば、日本代表はライバルたちをどのくらい知っていたのだろうか。アジア予選前には韓国、台湾にコーチやスコアラーを派遣して北京出場につなげた。08年に入ってからは、監督も含めて、米国や欧州での国際大会を視察した。星野監督の支配下にあるマンパワーが集結しての作業だったと思う。そのスコアラーたちが集めた情報、データを生かすも殺すも、首脳陣の力である。

先ほども書いたように、この大会でのターゲットは、キューバ、韓国、米国の3強である。他はどうでもいいとはいわないが、金メダルを獲得するのはこの3カ国を倒さなければいけない。そのための準備作業だったはず。集めたデータを分析し、なるべく簡略化して選手に伝え、戦略・戦術を練るのが事前合宿の目的の一つ。だが、結果は3強とのべ4試合を戦い、全敗だった。

### ⑦国際大会への慣れ

前出の『北京五輪日本選手団報告書』野球のページ冒頭に『アテネ五輪の課題』と

いう項目があり、そのなかで「アテネ・オリンピックでは、国際大会にはじめて出場した選手たちに戸惑いが感じられた。例えばストライクゾーンの違いや使用球の違いに対処できない選手も見られ、適応できないまま大会を終えた選手もいた」と書かれてある。

国際大会の慣れというものは、日本のプロ野球選手たちにとっては、常につきまとうものなのだろう。今回も同様にストライクゾーンやルールに戸惑っていたようなのだ。どちらも、実際に国際大会で体験するしかない。

ただし、日本のプロ野球選手たちは、国際試合に出場する機会が少ない。アマチュア時代に選手として経験することはあっても、監督となればほとんどない。今回のキューバとの開幕戦、9回無死一塁の場面、里崎智也（ロッテ）の空振り三振の判定に、星野監督がベンチから飛び出し「振っていない」と抗議。これを一切受けつけないロドリゲス球審は、代打を告げようとさらに一歩踏み出した星野監督に対し、再抗議と解釈して退場を宣告。試合後、日本側は訂正を求めたが、通らなかったようだ。

このように、国際試合は国内の試合とはまったく違ったことが起きる。「郷に入れば郷に従え」の諺《ことわざ》通り、決められたルールのなかで、柔軟性のある対応が求められる。代表チームならば、ルールを理解し、相手を気遣うことが必要だ。それを体験するためには、アマ側に要望して、国際大会のベンチに入ったらどうだろうか。

皮膚感覚で国際試合に慣れることができるだろう。そのなかで、プロ関係者もアマへの理解が深まるはずだ。アマ関係者も「プロは国際試合をわかっていない」などと突き放すのではなく、国際試合の戦い方をアドバイスしてあげたらどうだろう。五輪がプロ選手だけの大会になり、その五輪から野球競技が外れてしまう現状で、もう少しプロとアマが協力し合えればいい、と考えるのは私だけではないと思う。

現在のプロ野球選手だって、かつてはアマチュア野球で育てられてきている。その大事さもわかっているはずだ。現実にアマ野球の指導者の方が、プロの指導者より勉強している部分もある。西武の監督時代に、「二軍監督をアマチュアの人に任せたい」と堤オーナーに話したことがあった。実現はしなかったが、いまでも検討すべきプランだと思っている。これまで蓄えてきた知識や技術をプロの世界で生かすことができたら、とても有意義だろう。

## 3敗できる強みを生かせず

さてあらためて、星野JAPANの北京での戦いを振り返ってみたい。大会を通じて、どう戦うかというポリシーが見えてこなかった。

何度も書いたことだが、煎じ詰めると、強敵は3チームだけだった。その3チームについての情報分析が正確に行われていたのだろうか、という思いは今でも燻《くすぶ》っている。繰り返しになるが、なぜ、星野監督は、初戦のキューバ戦に「どうしても勝ちたい」と考えたのか。「1次リーグでは三つは負けられる」と考え、選手たちに伝えることができなかったのか。結果的に3敗したのだが、「どうしても勝ちたい」での3敗と「負けることができる」での3敗では意味合いが違う。北京五輪の星野監督はまさに前者で、キューバ戦に敗れると、それこそもう負けられないという思いが焦りにつながり、選手にも伝わった。

この戦いに関する考え方は短期決戦、7戦勝負の日本シリーズにもあてはまる。同じ相手と戦うか、毎試合違ってくるかの差はあるにせよ「3敗まではできる。大事なのは最終的に勝つこと」という心の余裕があれば、采配も変わってきたと想像する。

優勝した韓国について。根底にあったのは06年のWBCでの準決勝敗退だろう。1次、2次リーグで二度日本に勝ちながら、準決勝で敗れた。加えてその年の12月にカタールで行われたアジア大会では、台湾に優勝をさらわれ、アマ主体の日本にも敗れた。その悔しさを北京五輪で晴らそうと、組織全体で取り組んだ。08年のシーズン、国内リーグでは国際試合の基準を取り入れたという。先に書いたボール、ストライクゾーンに加えてマウンドにまで手を加えたと聞く。すべてはメダルを取るためだった。そこまでの徹底を、果たして日本でできるだろうか。

本稿のなかで何度か紹介したが『北京五輪日本選手団報告書』の『競技の総評と反省』を全文引用しておく。

7カ国と対戦した予選リーグ、準決勝、3位決定戦の計9試合を通じて、日本代表らしい、チームとして掲げる「つなぎの野球」を実践することができなかった。初戦のキューバ戦でストライクゾーンの違いに選手が戸惑いを覚えたことも大きかったが、国際野球というものと、短期決戦の野球に対応することの難しさを痛感した大会であった。反省としては、野球技術や体格面などにはさしたる差はなかったと思うが、金メダルを獲得した大韓民国のチームの選手に見られるように、気持ちの面で弱い面が出た。選手たちは気を抜いて戦ったわけではもちろんないが、気持ちの部分で差があったかもしれないとも思う。野球だけでなく野球を取り巻く環境も含め、国際試合を多く経験する場を作ることで、国際大会でも動揺することなく本来の実力が発揮できるような経験を積ませることが重要かと感じている。この敗戦を糧《かて》に、次の国際大会では選手が奮起してくれることを期待している。

この文章に触れたとき、筆者はわからなかったが、文脈から推測すると星野監督だろうと思った。

これが総括だとするならば、アテネの反省は生かされていなかったと断言できる。4年前もストライクゾーンをはじめとする国際試合の経験不足が指摘されていたのに、監督、選手が変わっても、課題はそのままということだ。そして気になったのは「選手が気持ちの面で弱い面が出た」というくだり。韓国選手との比較で書いているが、選手をそのような精神状態に置いたのは、やはり首脳陣の責任といわねばならない。

メダルを逃したことについて星野監督に責任の一端はあるが、北京から帰国後のバッシングはいただけない。プロもアマも球界こぞって、星野監督に全責任を押しつけた感がある。戦いの結果の責任は彼らなければならないが、その星野監督を選任した側には問題はないのか。JOCおよび全日本アマチュア野球連盟の幹部が舌鋒鋭くメダルを逸したことや、選手村に入らなかったことを非難し「早々に報告書を出せ」と話したそうだ。全アマはJOC加盟団体であり、五輪野球チームの派遣元である。

もし彼らが星野監督を批判するなら、選出した自分たち（全アマ傘下の全日本野球会議）も批判されるべきだと思う。しかし、その言動には責任を感じている様子はない。なぜなら、彼らは星野監督を自らが選んだという意識がないからだ。

一体、誰がどのようにして監督を選んだのか。何度も繰り返すが、情報開示がまったくない。ただし、ヒントはある。07年12月のアジア予選を突破したあと、首脳陣がJOC、全アマ、NPBではなく、まず読売新聞社と長嶋茂雄氏を報告に訪れたことである。誰が星野監督を選んだのか、理解できたような気がした。

# 第四章　日本式プレーオフの功罪

## 疑問の多い現行システム

はじめに申し上げておく。私は現在のクライマックスシリーズ（以下CS）に反対である。1年間ペナントレースを戦い、勝ち抜いた価値というものが、ある面では消失してしまうからだ。かつての前後期制（1973〜82年）を含めて、プレーオフはパ・リーグが率先して採用してきたものだ。一つは「セ・リーグと違う特色のあるスタイルにしたい」。さらには「ペナントレースにもう一つの盛り上がりを作り、ついでにお金儲けをしたい」という思惑からスタートしたものだと思う。

2005年から先んじて、ポストシーズンゲームと取り組んでいたパ・リーグは、それなりの成功を収めたといえる。07年からはセ・リーグも見習ってスタートした。しかしリーグ優勝をしたという重みを超えるだけのものが、このシステムにあるとは思えない。お金儲けとはいっても、このわずかな試合数（最大で第1ステージ〈以下S〉3試合、第2S6試合）で、果たして潤うのかという疑問も出てくる。

もしポストシーズンゲームの盛り上がりと多くの収入を得ようとするなら、少なくとも試合数は拡大すべきだろう。現行の制度については、どう考えても本質を理解していない人間がイニシアチブを取った結果だと思っている。

CSに反対の立場の私が、改善プランを述べてみる。もともと「公式戦3位チームが日本一になれる」という制度自体に問題があるが、あえて3チームによるプレーオフを前提にした場合、試合数を増やすことだ。第1Sを3試合から5試合に。第2Sを6試合から7試合にする。

さらに現行では、両ステージとも上位チームの本拠地だけで試合を行っているが、これをホーム&ビジター方式に見直す。第1Sでは2位チームが3試合、第2Sでは1位チームが4試合を行えるようにして下位チームにも収入を得られるようにする。それこそが、全体の利益に直結することだと思うからだ。

プレーオフを存続するならば、せめて2チームで争ってほしいと思う。現行制度でいえば、144試合のペナントレースを戦って5割以下の3位チームがCSに出場し日本一になる可能性がある。「そんなことはありえないだろう」とみなさんは考えるかもしれない。現実にこの制度がはじまって、3位チームが日本シリーズに出場したことはないからだ。だが万が一、そんな事態が起こったら、どうするのだろう。ペナントレースそのものを冒瀆《ぼうとく》する結果になるのではないか。

## メジャーに見られるチャレンジ精神

07年からはセ・パ両リーグが同一方式になったが、2シーズンとも異なるルールで戦った。そもそもセ・リーグはプレーオフに反対だったのではないか。とくに巨人は急先鋒だった記憶がある。もちろん巨人の意向だけでは決まらないが、他球団の要請もあって全体の総意として採用されたのだろう。

意地の悪い見方をするなら、他5球団の戦力を見て「ペナントレースで、優勝はできなくても、4位以下になる可能性は極めて低い」と判断したのかもしれない。最低3位争いをしていれば、最後までファンは興味を持ってくれるわけで、興行的にも成立するのである。現実は、巨人が2年連続でリーグ優勝を果たしたが、07年はCSで2位の中日に敗れた。この年は1位に1勝分のアドバンテージがなく、翌年はアドバンテージつきとなり、CSを勝ち抜いた。それにしても1年でルールが簡単に変わってしまうのはどうかと思う。

プレーオフの先輩MLBが現在のスタイルになったのは94年からだ。それまでの2地区制から3地区制へ移行し、各地区優勝チームと2位のなかで最高勝率チーム（ワイルドカード）の4チームでリーグ優勝を争う形である。ただし、この年は選手会のストライキで、8月12日以降の全日程が中止。野茂がドジャースに入団した翌95年からスタートした。

考えてみれば、過酷な1カ月である。勝率上位チームには、本拠地開幕という有利さはわずかにあるが、ディビジョン・シリーズ（5試合制）、リーグチャンピオンシップ・シリーズ（7試合制）を勝ち抜いて、ワールドシリーズ（7試合制）を戦うのである。世界一になるためには最大19試合を戦い、11勝しなければならない。勢いだけのチームではとても勝ち抜けない。

08年のワールドシリーズは、ア・リーグのレイズ（東地区優勝）、ナ・リーグのフィリーズ（東地区優勝）という顔合わせになったが、07年までは6年連続でワイルドカードがワールドシリーズを制覇した。地区2位のチームとはいっても、優勝の質を貶《おとし》めるものではないし、ファンもまた、その存在価値を見い出している。MLBは30球団を抱えているし、列強が並ぶ激戦地区（例えばア・リーグ東地区）は2位であっても、他地区の優勝チームの勝率を上回る強豪ぞろいである。リーグ各6球団である日本の2位、3位とは比較にはならないだろう。

メジャーを見て感心するのは「いいと思われるものはなんでも試みてみよう」という精神である。ワイルドカード制（これはNFLやNBAなど他のプロスポーツが先んじて採用していた）もそうだが、03年からは、ワールドシリーズのホームフィールド・アドバンテージ（開幕戦をどちらが開催するか）を、02年までのア・リーグ、ナ・リーグ相互から、同年のオールスター戦での勝者とした。

球宴を真剣勝負の舞台にさせたいというMLB首脳の思惑だろうが、長く続けてきた制度についても、時をみて、改革するという米国人のチャレンジャー精神というものが垣間見えるのである。

**リーグ再編に一考の余地**

10月になると、計8チームによる頂点を目指した戦いがはじまる。ワールドシリーズ出場を懸けた戦いはファンの熱狂を生む。テレビ観戦をしていても、それは伝わってくる。その視線を日本へ移してみる。

先ほども書いたが、私はCSに反対である。根本にあるのは、ペナントレースの価値を大きく下げないことである。興行的見地や、ファンが望むならば、現制度を改革しながら進むことである。まず、3チームがプレーオフに進むことはやめる。MLBの場合、14分の4（ア・リーグ）であり、16分の4（ナ・リーグ）である。日本の6分の3は、あまりにハードルが低い。その上で、両リーグ2チームずつでのプレーオフを実施する。

単純に両リーグとも1、2位が戦い、勝ち抜いたチーム同士で日本一を争う従来型だけでなく、セ・リーグ1位－パ・リーグ2位、パ・リーグ1位－セ・リーグ2位が戦う、たすきがけ方式も考えられる。この場合、過去の日本シリーズの概念は変更される。決勝が同リーグのチーム同士ともなるからだ。このベスト4からのトーナメント自体を日本シリーズと規定してもいい。大きな枠でとらえるなら、1リーグ2ブロック制的な制度となるだろう。

私のようなCS反対論者がプレーオフ制度を考えろといわれると、多分にリーグ再編に結びつく。一つは、現在のリーグ6球団はそのままにしながら、東西2ブロックに分ける。パ・リーグは日本ハム（札幌）、楽天（仙台）、西武（所沢）＝以上東地区、ロッテ（千葉）、オリックス（大阪）、ソフトバンク（福岡）＝以上西地区。セ・リーグは巨人（東京）、ヤクルト（東京）、横浜（横浜）＝以上東地区、中日（名古屋）、阪神（西宮）、広島（広島）＝以上西地区となる。

当然、リーグ内の試合だけでなく、交流戦も現在より増やす。そのなかで、各地区1位同士でリーグ優勝を決めるプレーオフを実施、日本シリーズにつなげる。

また従来のリーグを解体し、12球団を4球団ずつの3地区に分けるという考え方もできる。例えば東地区＝日本ハム、楽天、西武、ヤクルト、中地区＝ロッテ、巨人、横浜、中日、西地区＝オリックス、阪神、広島、ソフトバンクである。同地区内の試合数は26試合ずつ、他地区の8球団とは8試合ずつ対戦すると合計142試合で、現行の試合数（144）とほぼ同数である。プレーオフはMLBを参考にして、各地区1位と2位の最高勝率球団、すなわちワイルドカードの4チームでトーナメントを戦う。その決勝が日本シリーズというわけだ。

こんなプランや論議は04年9月のプロ野球選手会によるストライキをきっかけに、幅広く行われていたような気がする。近鉄とオリックスが合併し1球団が消えた。1リーグ制移行、球団削減の不安のなかで、楽天が加入して2リーグ、12球団が維持された。球界を挙げて「どうしたら魅力的な日本プロ野球にできるか」と取り組んだのではないか。

だが、新たなものとして形になったのはセ・パ交流戦の導入だけだった。その交流戦にしても、流れは「試合数を減らそう」という動きの方が目立っている。05年から2年間は各チーム36試合だったが、07年からは24試合に減らされている。それればかりか、セ・リーグのチームからはさらに縮小できないかという主張があったそうだ。

あれだけ、熱のこもった論議がなされていたというのに、4年以上たった今では忘れ去られたのではないか、とさえ思える。なぜ交流戦を減らそうとするのか。とくにセ・リーグ球団からの主張だと聞く。相変わらず「巨人戦のテレビ放送が減るから」ということだとしたら、現状への認識はかなり甘いものといえそうだ。地上波の放送自体が削減され、さらに視聴率も上がらない。いや、視聴率が上がらないから中継試合数が減る、という相互悪循環かもしれない。

そんな現状のなかでも、セ・リーグには『巨人戦』という錦の御旗を掲げているという思いがあるのだろうか。

確かに、放送権料は低くなったとはいえ、他球団に比べれば、相当高い金額だという。セ・リーグが巨人におんぶに抱っこのスタンスを続ける限り、新たな改革はできないだろう。

そこには、ファンの存在というものはあるのだろうか。プロ野球全体がファンのために何を為すことができるかという発想が感じられない。例えば、交流戦はファンが望んでいるものという認識があれば、こんな流れにはならなかったはずだし、さらに質の高いサービスをファンに提供するということになってしかるべきだった。だが現実は、理想とはかけ離れていくばかりである。「自分がよければ」という考えは捨てて、ここは12球団が生き延びる方策を探していかねばならない。

## メジャーに学べ共存共栄

ハワイにいて、日本にいるときよりも痛切に感じていることがある。それは、MLBには『共存共栄』の精神が息づいていることだ。読者の方はご存知だと思うが、メジャー30球団には財政的な格差が歴然としてある。収入の格差を少しでも埋めるために、生み出されたのがテレビの全国放送権料の分割であり、課徴金制度に所得分配制度である。収入の多い球団が少ない球団をカバーするという考え方だ。資本主義の権化のような国で、いわば社会主義的発想の施策がとられている。

とくに03年にはじまった課徴金制度の発想は、日本にはまったくないものだろう。一般に贅沢《ぜいたく》税といわれる課徴金は、一球団の年俸総額にラインを設け、それを超過した球団には、超過分に一定の〝税率〟をかけて、その金額を大リーグ機構に納めるものである。08年の場合、年俸総額の規定ラインは1億5500万ドルで、総額1位のヤンキース（約2億2220万ドル）、2位のデトロイト・タイガース（約1億6080万ドル）が超えていた。ヤンキースは超過額6720万ドルに40パーセントの税率がかけられ、2686万2702ドル、タイガースは22・5パーセントで1305

220万ドルを支払うことになった、とAP通信が伝えていた。

タイガースは初の超過だったが、ヤンキースは制度ができた03年から6年連続で贅沢税を払い続けている。年俸総額最下位のフロリダ・マーリンズの8倍も支払っているヤンキース。まさに金持ち球団が貧乏球団に手を差し伸べる救世軍の役割を果たしているわけである。

全米の他の3大プロスポーツ、NBA、NFL、NHLが総じて年俸総額の上限を設けるサラリーキャップ制を採用しているのとは対照的に、個々の企業努力を認めながら、全体の繁栄にいかに寄与できる制度にするかを考えていると思う。

もちろん課徴金制度を日本に持ち込めとは思わない。メジャーほど球団格差がないからである。ただし、共存共栄の精神は見習うべきだと思う。全体が決めたルールをみんなが守る。こんな当たり前のことが、日本ではなぜか守られないことが多い。課徴金制度にしても、日本だったら「なんで自分たちの儲けたお金を他球団に渡さなければならないのか」という意見が必ず出てくるだろう。ヤンキースだって、レッドソックスだって、きちんとルールを守って、贅沢税を払い続けてきたのだ。それが、メジャー全体のためになるということを理解しているからだ。

わずか12球団しかないのに、日本では足並みがそろわない。典型がセ・リーグとパ・リーグの対立である。グラウンドでは対抗意識はあっていいと思う。だが、制度やルールは同じでなければならない。09年の開幕は6年ぶりに同時となったが、それまでは、ずれることが当たり前だった。「対抗」と「対立」は違う。野球では対抗しながらも、それ以外では共存していくべきだろう。

50年にセ・パが分立、2リーグ制が発足して09年は60年目のシーズンになる。機構改革でセ・パリーグは存続するものの、組織的には両リーグの会長職が廃止されスリム化された。これを機にもう一度、あるべき将来像を考えてもいいのではないか。

## 交流戦日程の再考

私は、交流戦を共存の象徴にしたらいいと思う。交流戦全試合の放送権料をＮＰＢが一括契約して、12球団に分配するのはどうだろうか。現在の日本において、ＭＬＢ方式を見習いペナントレース全体の放送権料をＮＰＢが一括契約するのは、極めて難しい。長年、放送料収入は各球団ごとの契約によっていたからである。

それよりも、12球団で契約することにより、総額のアップは期待できる。交流戦は某生命保険会社が冠スポンサーになっている。その契約はNPBとしている。NPBはイベントの冠スポンサーを見つけることに躍起になるならば、放送権契約のあり方についても壁をぶち破る覚悟が必要かもしれない。また、常々思っていたことだが、交流戦は現在のように、まとめて一定期間のなかでやってしまわなければならないのか。前半戦と後半戦の二度に分けたらどうだろう。もちろん、そのためには試合数の増加があったほうがいい。

交流戦の話になったので、少しこの話を続ける。現状はホーム&ビジター各2試合×6カードの24試合が行われている。この2試合というのが問題である。現在の2連戦システムを見ていると、日程的に空きが生まれて歪みが出てくる。また、戦う側からいわせてもらえば、2連戦だと連勝連敗が増える。その点、3連戦はうまい具合になっていて、どちらかが2勝1敗のケースが多くなり、対戦としても面白くなってくる。2連戦は明らかに、投手力のあるチームが優位に立つ。同一リーグでは、5～6

人の先発投手が必要となってくるが、交流戦では4人で先発ローテーションを回すことができる。

したがって、4番手まで高いレベルの先発投手を持っているチームは、戦いで優勢になるというわけだ。ロッテのように、普段のペナントレースと同じように先発ローテーションをまわして成績を大きく落としたチームもあった。各チームの条件を拮抗させて、ファンにより緊迫した戦いを提供するためにも、3連戦を基本にすることを提唱したい。

セ・パ両リーグ間にある歪みが、プレーオフの日程に表れている。07年からはじまったCSだが、パ・リーグが先にスタートしてしまっている。CSが日本シリーズというプロ野球最高の舞台への出場決定戦という意味合いでとらえるならば、シリーズを盛り上げるためにも、両リーグがほぼ同じ時期にスタートするのが当然だろう。しかし、現実は違う。要因は簡単で、08年の場合、ペナントレースの開幕はパ・リーグが1週間早かったからだ。

次章で詳しく触れるが、この年のパ・リーグは3月20日（祝日）に開幕。だが、25、

26日とMLB開幕戦（アスレチックス－レッドソックス）が予定されており、この両チームと巨人、阪神が22、23日に2試合ずつオープン戦を組んでいた。そしてセ・リーグはMLB開幕戦終了後の28日からスタートしている。前回（04年）のヤンキース－デビルレイズ（当時）のときもそうだったが、なぜ、パ・リーグの公式戦がスタートしているときに、MLBの試合を開催するのか。誰もが疑問に思う。それは読売新聞社がMLB開幕戦の主催者であり、優先順位はMLB開幕戦がトップだったからだ。

セ・リーグは読売主導のもと、開幕を遅くした。「パ・リーグが合わせればいいじゃないか」という声も聞こえそうだが、パはパで「セと同時開幕を避けたい気持ち」があったかもしれない。そんな思惑もからんで8日間のズレが生じた。それが、最後のCSの日程にまで影響したのだ。

### 日本シリーズの重み

問題は、公式戦終了後からCSまでに時間が空きすぎることである。08年の場合、セ・リーグは第1Sに登場した阪神、中日とも10月12日にペナントレースを終え、中

5日空いて18日にCS開幕である。

パ・リーグはといえば公式戦自体は10月7日に終了したが、CS第1S出場のオリックス、日本ハムとも1日に全日程を消化しており、10日後のCS開幕までの調整は苦労したと思う。さらに問題はそれからだ。パは第1S（2試合で終了）と第2Sの間隔が中4日だった。ところが、セは、第1S（3試合）が10月20日に終わり、第2Sは2日後の22日スタートである。その上セの場合は、3戦目と4戦目の間に休みのあるパとは異なり、最大6連戦のスケジュールだった。

事前に決まっていたこととはいえ、当事者にとっては辛い日程だろう。第1Sを勝ち抜いた中日関係者と話していて、言葉の端々に恨み節が込められていた。「第1ステージが終わったら、すぐ第2ステージ。巨人（首位チーム）は待ち構えているわけだから、こっちの方が1勝のアドバンテージより大きい」という発言は納得できる。

冷静に振り返ってみても、この日程はいただけない。雨などにより公式戦の日程が大きくズレたのなら仕方ない。公式戦の終了からプレーオフ開始までは、先発ローテーションも考慮して中3、4日ぐらいが適当ではないだろうか。ファンの興奮がプレーオフまでに冷めてしまったら、この制度の意味はない。08年は北京五輪があり、2連戦システムの交流戦の影響で、ペナントレースの日程に妙に空きがあったり、9月以降は連戦が続いたりして不規則だった。そのために、日本シリーズも11月開幕となった。再考の余地は十分にある。

08年のCSで気になって仕方ないことがあった。セ・リーグの第1S（阪神ー中日戦）が京セラドーム大阪で行われたことだ。この球場は阪神の準フランチャイズではあるが、ファンにとっては、やはり甲子園で見たかったのではないか。前年から続いている球場改造工事のためというが、10月に入ったら試合ができない、というのはどうかと思う。プレーオフも日本シリーズも日程が明らかになっているわけだから、準備をするべきではないのか。

ファンのためよりも、球場工事が大切なのか。それとも2位以上に入るとは考えていなかったのか。どこまで本気なのか、球団および球場関係者の考えを聞かせてもらいたいものだ。ON対決で話題になった00年の日本シリーズ（巨人ー福岡ダイエー）では、ダイエーおよび福岡ドーム（当時）が期間中、本拠地球場を脳神経外科学会に貸し出してしまい、日程確保義務違反で3000万円の罰金を課されたことを思い出した。日本シリーズの重みを球団フロントや関係者はわかっていない。

## 全体が潤う発想を！

CS反対者だからこその思いなのだが、上位チームへのアドバンテージはそんなに必要なのかと問いたい。第1Sは2位の、第2Sは首位の本拠地ですべて試合を行う。さらに第2Sでは、事前に1勝が首位に与えられる。しかも、08年の巨人－中日であったのだが、引き分けは実質的に上位チームの勝利と位置づけられる。引き分けは再試合なし。2位チームは、6戦のなかで4勝しなければならない。

08年は、4戦を戦って巨人の2勝1敗1分け。中日は最大で3勝しかできないわけだから、この段階で巨人のCS突破が決まったのだ。1勝のアドバンテージを与えた上に、同率では上位チームの勝ちという規定はどうなのだろう。確かに07年はアドバンテージなしで、巨人は中日に3連敗してしまった。だからというわけでもないだろうが、今回は実質1勝以上のアドバンテージを得て、無事(?)日本シリーズに駒を進めることができた。野球に「タラレバ」は禁物だが、もし、巨人が13ゲーム差を逆転できず、2位に甘んじていたら、このアドバンテージをひっくり返すことはできただろうか。ただ、毎年のように、試合方式を変えることだけはやめてほしいと思う。特定チームのためにルールを変えるなんて、ご都合主義以外の何物でもない。ドローは再試合にするべきだし、同率なら、決勝戦をやるのが筋だと思うが、いかがだろう。そこまでして上位チームを優遇するなら、プレーオフなどやるべきではない。冒頭の論にもどるが、現行制度でのプレーオフは反対である。

どうしてもプレーオフをやるなら3チームではなく2チームで、しかも7戦制でリーグ優勝を決定すべきだと思う。もちろん、アドバンテージはなく、双方の本拠地で試合を開催することを望む。なぜなら3位は所詮《しょせん》3位なのだから。もし、1、2位両チームが最後の最後まで熾烈《しれつ》な争いを続けて戦力的に疲弊してしまい、3位チームが早々にその地位を確保してプレーオフに備え万全の調整をしたらどうなるのか。

そう、73年のパ・リーグ後期を思い出した。当時は前後期制で、前期優勝した南海が後期には後半戦を制した阪急に1勝もできず、プレーオフ対策に専念。最後は、プ

08年、13ゲーム差をひっくり返してセ・リーグを制した
巨人は、クライマックスシリーズでも順当に勝ち上がった

レーオフを制してリーグ優勝を果たしたのである。両者はケースが違うが、最後のプレーオフに専念するというのは釈然としない。やはり3位チームは除外すべきだろう。

プレーオフ制度について考察してきたが、どう考えても、現在の方式はリーグ優勝の価値を軽んじるものである。プラス面は財政的な側面と公式戦終盤からの盛り上げということだが、3位チームは日本シリーズに出ない限り、収入はない。「全体が潤う」という発想がないのだ。

この方式がいつまでも続くとは思わない。現在は過渡期と見ている。07年のセ・リーグは、巨人がリーグ優勝したのに、CS第2Sで敗れ、リーグVが忘れ去られそうになった。一方、CSを勝ち抜き、日本一にまでなった中日も、リーグ優勝をしていないので何か釈然としなかった。そんな思いを現場にさせ続けることの是非を問う必要もあるだろう。08年は、西武、巨人という両リーグの覇者が日本シリーズを戦い、ある面ではNPBを救った。今後、プレーオフについて、真剣な論議が起きることを期待している。

# 第五章　ＭＬＢとの付き合い方

## 問題を先送りする日本球界

2008年限りで野茂英雄が現役を引退した。日本人メジャー選手が数多く誕生するきっかけを作ったパイオニアであることは、誰もが認めるところである。ただし、1995年の米国行きのトラブルもまた、忘れられない。簡単に整理すると、94年オフの契約更改交渉で、野茂は所属していた近鉄球団に対し「複数年契約と代理人交渉」を要求するが拒否される。今考えれば、当たり前のことなのだが、当時、球団側はこの要求を飲めなかったのだろう。結局、任意引退（所属球団の了承がなければ、他球団に移籍できない）扱いで近鉄を退団。ロサンゼルス・ドジャースに入団した。アメリカでの野茂の身分はフリーに移籍できる自由契約と認識されていた。

当時の野球協約では、任意引退で移籍する場合の対象は国内の球団であり、日本のプロ野球からメジャーへ挑戦する、ということなどまったくの想定外であったため、両国間でのルール上の整備がなされていなかった。明文化されていないのに、なぜか野茂と代理人（ダン・野村氏）が一方的に悪者扱いされ、責任を押しつけられた印象が残っている。この『野茂事件』をきっかけとして、それまで米国↓日本の一方通行だった日米間での選手契約について、日本→米国も可能となり、同時にポスティングシステム（入札制度）が規定された（98年）のである。

この制度を使って、その後、イチロー、石井一久、松坂大輔、岩村明憲、井川慶などが海を渡っている。しかし、日本のMLBに対するスタンスは場当たり的であり、問題を先送りする日本球界の欠点が如実に表れている。

MLBは着々と国際化を進め、市場開拓に積極的である。北米、中南米だけでなく、東アジア、ヨーロッパにまで、選手獲得の手を広げ、同時にそれらをマーケットの輪のなかに収めようとしている。そういうMLBの世界戦略に対して、NPBはどう対応しようとしているのか。本来はコミッショナーがリーダーシップをとって、速やかに対応していかねばならないが、これまではコミッショナーに決定権はなく、最高議決機関であるオーナー会議に委ねるしかなかった。

## 不要なポスティングシステム

09年1月からの組織改革と野球協約の改正により、コミッショナーは動きやすくなるという。変革していくことを期待される日本球界が、新しい段階に入った日米関係をどうとらえていくのか、この章で考えてみたい。

現在、日本のプロ野球からメジャー・リーグへ移籍するためには、フリーエージェント(以下ＦＡ)、自由契約、ポスティングシステム（入札制度）の三つの方法がある。

先ほども書いたように、野茂事件が生み出した『日米間選手契約に関する協定』でポスティングが定められた。果たして、この制度はいいものなのか。1年ごとに延長される協定によれば、毎年6月中旬までに、日米コミッショナーのいずれかが、改正や終了の意志を表明すれば、改正、終了へ向けての会議をはじめる（17項）としている。ただし、ここ10年、大きな改正はない。だからといって、ポスティングは将来に渡って続くシステムとは思えないのである。この制度について、日本球界では議論をして、今後の方向性を打ち出しているのだろうか。

私はポスティングシステムに反対である。なんのメリットがあるのかを考えたとき、最もプラスとしてとらえられるのが、球団への収入である。松坂大輔のときのように、多くのメジャー球団が入札に参加すれば、必然的に入札金額は高騰する。60億円ものお金が西武球団に支払われた。言葉は悪いが『人身売買』的でもある。

この制度は、球団のための制度であり、選手は入札額の最も高いところへ〝売られる〟わけであり、そこには球団を選ぶ権利はない。イチローのときもそうだったが、選手にメジャー移籍の強い希望があると、日本の球団の多くは、FAの資格を得る前に「さあどうぞ」とばかり、ポスティングを認めるのだ。なぜなら、ポスティングでは入札金を手にすることができるが、FAではなんにも残らない（国内移籍なら、人的補償や補償金が発生する）からだ。

こちらから見ていて、矛盾を感じることがある。毎年のようにメジャー入りする日本人選手に関して「メジャーへ選手が流出すると、日本球界が空洞化する。なんとか抑える手立てを考えないと」と不安視する一方で、ポスティングによって選手を流出させている。この現状をどう考えたらいいのだろうか。また、ドラフト制度をめぐっては「選手には希望する球団にいかせたい。職業選択の自由の問題」と声高に叫ばれることが多々あるが、ポスティングで選手が球団を選択できないことについては、どう考えているのだろうか。

私は、入札方式にも疑問を持っている。入札に参加した球団の入札額がまったく外部に漏れていないのか。また最高入札額が決定した際、規定では、球団名ではなく金額だけを伝えることになっているが、果たして守られているのか。そんな疑念をつい持ちたくなってしまうのだ。

## 日本と米国の〝絆〟確立

まずは、この協定を見直すべきだろう。そのなかでポスティングというシステムは変更しなければならない。なぜなら、これはFA権を得ていない日本人が、MLBでプレーするための制度であるからだ。逆に米国から日本に来るには従来通り、コミッショナーへの身分照会を経て、当該球団と交渉をすればいいことになっている。いってみれば不平等条約なのである。やはり、日本のプロ野球からメジャーへ移籍するには、FAか自由契約の身分のみという制限を設けるか、球団が保留権を持った選手については、日米間でのトレードが実現できるように働きかけられないだろうか。現実問題として、日米間の「格差」は歴然としているし、メジャー選手のなかには、日本行きを拒否する向きが多いかもしれない。現状すぐに実現できるものではないが、将来にわたって、粘り強く話し合っていきたいものだ。

そのためには、両国間で交渉の窓口が必要になってくる。日本のプロ野球は単独で存在しているものではない。韓国・台湾・中国といった後発ではあるが、独自のプロ野球を持った近隣の国や地域との関係もあるし、なんといっても、米国という大きな存在を抜きには考えられない。米国野球界で起きていることを対岸の火事として見ていることなどできないのだ。今、米国野球界で何が起きて、何をしようとしているか、動向をきちんと分析して、対策を立てていくことが大事だと思う。

日米関係、対米窓口と考えていたら、日本球界には適任者がいるではないか。08年7月に第12代プロ野球コミッショナーに就任した加藤良三氏だ。駐米大使などで15年以上にわたり米国に滞在。外務省でも『北米畑のエース』といわれた方だ。詳しくは知らないが、外務省には北米局をはじめ、地域ごとに担当局がある。野球界にもそれを導入したらいい。コミッショナー事務局内に対米というか、MLB担当という専門の担当者を置く。ここがMLBとの実務的な窓口になって、米国野球界の動向、情報を集め、日常的な接触、意見交換を行う。

そういったチーム作りのため、現在いる職員だけではなく、外部から人材を得ることも考えたらどうだろう。米国が動き出してから「では、どうしようか」では遅い。現状を把握しながら、将来を見通していく。そのためには相手をよく知らなくてはならない。外交も同じではないだろうか。相手を知らずして、理解し合うことは困難である。

加藤コミッショナーは就任の挨拶で「野球は日本とアメリカの絆」と表現したそうだ。野球を愛し、米国を理解している加藤氏らしい言葉だった。これからは、コミッショナーとして、その絆をより太くしてほしいものだ。そのためには、機構改革を推し進めて、さらに動けるコミッショナーになってほしい。MLBとは日常的な接触が求められるし、カウンターパートナーの存在も必要だ。

どちらかといえば、受け身だったこれまでの日米関係を見直して、21世紀のパートナーシップを築いてもらいたいと切に願う。

## 上から目線の対アジア関係

この関係は日米だけではないと思う。韓国・台湾・中国といった他のアジア地域との関係もこれからは深まってくる。01年に日韓間で、04年に日台間で、選手契約に関する協定が結ばれているが、基本的には日米選手協定に準じたものである。韓台両国との間でのポスティングはないが、この両国との関係では、日本は日米間の米国的立場といえる。言葉は適切かどうかわからないが「上からの目線でものを見ている」感じである。

台湾との関係でいえば、高校から日本に留学した選手をドラフトで獲得（例えば日本ハム・陽仲壽《ヨウ・チヨンソ》や阪神・林威助《リン・ウエイツウ》）するのは合法的かもしれないが、06年に巨人に育成選手として入団した林羿豪《リン・イーハウ》は、16歳で来日した。メジャーも狙っていたという逸材だが、練習環境を整え、通信制高校に通わせながら、高卒資格を得るためのバックアップをするなどの、巨人の支援体制に入団を決意したという。

すでに156キロの速球を投げ「王建民《ワン・チエンミン》（ヤンキース）二世」といわれる林羿豪をはじめとして、台湾では若い人材の海外流出が相次ぎ、大きな懸念材料となっているという。これも対等ではない日台の関係から生まれたものだとすれば、日本としても、十二分に配慮しなければならない問題ではないか。

ここまで、日米関係が平等ではないと強調しすぎたかもしれない。米国が悪者、と読者の方に受け止められるのははなはだ不本意である。私の知る限り、MLB側は相当な企業努力をしていることをお伝えしたい。それがスカウト活動である。

次の章で触れるが、新日本石油ENEOSからボストン・レッドソックスに入団した田澤純一投手についても、かなり前から注目していたと聞く。ニューヨーク・メッツやシアトル・マリナーズなどのように、日本人スカウトと契約している球団もあるが、東アジア地域を網羅した活動を行う大リーグスカウトはかなりいる。彼らは来日すると、プロ野球のみならず、大学、社会人、高校野球も甲子園大会だけでなく地方大会まで足を延ばすという。それが、彼らのやり方だからだ。

### メジャーに見るスカウト網の広さ

メジャーの海外スカウト活動において中南米は一つの拠点である。08年開幕時点のメジャー・リーグで、合衆国以外出身の選手は239人で全体（855人）の約28パーセントに当たる。『最大派閥』はドミニカ共和国で88人。ベネズエラ（52人）、プエルトリコ（29人）を合わせれば169人と外国人選手の約71パーセントを中南米勢が占める。この3カ国がメジャー・リーガーの供給源で（ちなみに日本人は16人）、メジャー球団の選手補強の重点地域でもあり、スカウト活動やベースボールアカデミーなどでの選手育成にも力を注いでいる。

これらの国・地域にメキシコを加え、4つのトップチームがトーナメントで争うのが『カリビアンシリーズ』である。ここでもまた、メジャーのスカウト連中が集まってくる。そう、選手供給のルートが確立しているのだ。中南米で「これはいい」という選手に出会うと、すでにメジャーが接触しているということがほとんどだった。

以前、この地域のウインター・リーグを視察したことがある。メジャー・リーガーも参加して、レベルも高かった。関係者に話を聞いたところ、日本と交流することを望んでいるチームがあったが、日本の球団はほとんど目を向けないのが現実という。

私も西武監督時代に、ある選手を紹介されて「日本とはシーズンが逆だから、日本のシーズンが終わってから、帰してくれればいい」といわれたことがあった。現在では、若手選手を送り込む球団がある程度で、選手獲得のために視察するのは、中日が目立つぐらいである。

反対に熱心なのが台湾だ。先ほど人材流出を懸念していると書いたが、同時に中南米の選手の〝輸入〟に熱心である。08年のアジア・シリーズで来日した統一ライオンズの外国人選手は、ドミニカ共和国出身だった。台湾の球団が現地にスカウトを派遣して、年俸の安い選手を入団させる。その選手が活躍すると、翌年には日本にやってくる（というより、かっさらう？）という図式である。

最近、日本にやってくる外国人選手には、こういったパターンが増えている。要は人のふんどしで相撲をとっているのだ。

ベースにあるのは外国人獲得のためのスカウト活動である。外国人選手の情報をどうやって手に入れているのだろうか。海外駐在員、業務提携を結んでいるメジャー球団といったところだろうが、エージェントが送りつけてくるビデオというケースがかなり多いのだ。補強選手の候補を挙げて調査を続けるが、決定のために、直接その選手を見ることは少ない。

だが、このビデオというのが曲者《くせもの》で、その選手のいいところしか映っていない。野手なら打っては快打連発、守ってはファインプレーの連続となる。売り込みなのだから当然なのであって、これを全面的には信用できない。他の要素をどれだけ加えられるか、が好選手獲得の条件となる。最近では、いったん来日させ、テストを受けさせて合否を決める球団が増えてきた。これもまた『不良外国人』をつかまされないための防御策といえる。

外国人獲得のためには、現場で見て得られる一次情報が大切である。果たして日本の球団で、新鮮な一次情報を得ているところがどれほどあるのだろうか。米国に駐在員を置いたり、現地の人間と契約している球団は多いが、どこまで生きた情報が日本に届いているのか。やはり、スカウトという仕事は、一日一日の地道な活動の積み重ねだと思う。そのなかで、いろいろな情報源とのつながりができてくる。それが広いネットワークになってくるのだ。

## 日本球界に対する米国側の変化

メジャーのスカウトは、まさに地道に己の仕事を続けているという印象がある。別に米国礼賛ではないが、彼らと話していると、スカウトという仕事に誇りを持っているという印象が強い。

日本のスカウトが違うといっているのではないが、周囲のスカウトに対する見方は日米では差があるような気がする。球団のなかでも非常に大切な部署とみられているのだ。選手を見る目、対人関係の豊富さが求められている、まさにチームを陰から支えるポジションにある。殿堂入りしたトミー・ラソーダ（元ドジャース監督）も、投手としてはメジャーで1勝もできなかったが、スカウトを経験して、その後コーチ・監督に就任した。

「選手の特徴を見抜く能力が高い」と評される男だが、それはスカウト時代に磨き抜かれたものだろう。そんなメジャーのスカウトが、日本でも地道に活動している。アマチュアの大会に顔を出しては、よく日本のメディアにも取り上げられている。彼らも彼らで「自分は仕事をしていますよ」ということを、それとなくアピールしている。

野茂英雄はメジャー・リーグを“身近な存在”に変えた。日本人メジャー選手が数多く誕生するきっかけを作ったパイオニア的存在である

95年に野茂がドジャースへ入団してから、日本人にとって、メジャー・リーグは遥《はる》かに遠い存在から少しずつ変わってきたようにみえる。同時に米国から見た日本球界のとらえ方も変化してきたと思う。かつて、日本人メジャー・リーガー第1号だったマッシー村上（雅則）は、サンフランシスコ（ジャイアンツ）に入団した。その後、野茂はロサンゼルス、長谷川滋利がアナハイム（エンゼルス／当時）、イチロー、佐々木主浩《かづひろ》はシアトルと、当初は西海岸のチームにまず所属していた。

いい換えると、東海岸の球団は、日本人選手についてあまり関心を寄せていなかったように感じる。それが、野茂、イチローらがその実力を発揮し、数字を残しはじめると、重要視するようになった。代表格が松井秀喜（ヤンキース）であり、松坂である。彼らの活躍は、間違いなく日本人選手及び日本野球の高い評価につながっている。そして09年は川上憲伸（アトランタ・ブレーブス）、上原浩治（ボルティモア・オリオールズ）が東地区の球団に入団した。

以前は日本でもトッププレーヤーがメジャーに挑戦するという趣だったが、ここ数年はそうでもない。

日本でタイトルも取った黒田博樹（ドジャース）、福留孝介（シカゴ・カブス）あたりは、1年目でそれなりの結果を残した。だが一方で、実績は残せなかったが、福盛和男（レンジャーズ）、薮田安彦（カンザスシティ・ロイヤルズ）といった中堅クラスにも大きな関心が寄せられている。また09年には高橋建（前・広島）、野口茂樹（前・巨人）がトロント・ブルージェイズとマイナー契約を交わした。

これらは何を意味するのだろうか。おそらく、そういった選手については、日本では見つけられない長所、特徴がメジャーのスカウトの目に止まっているのだろう。彼らは、選手個々の能力を見つけ出すことに長けている。加えて、メジャーのスカウトたちは、日本人選手を獲得する場合に、中南米選手と比較をするという。それぞれに持ち味があるわけで、どの選手のどんな能力がチームにプラスになるか、という視点で判断を下しているようだ。逆に、日本の球団が外国人選手を獲得するとき、そのような比較ができる存在はいない。

## メジャー流〝海外戦略〟

メジャー球団にとって日本は、営業面だけでなく、選手供給という点でも市場になりつつあるのかな、とは思う。

MLBのドラフトの対象となるのは、米国、カナダ、プエルトリコ籍の選手（独立リーグを含む）、米国国内の学校に通う選手である。前にも書いたように、現在、メジャー・リーガーに占める外国人の割合は3割に達しようかという勢いである。マイナー・リーグを含めると、50パーセント近くになるのではないか。それだけ外国人の需要が増加するなか、米国内には以前から、ドミニカ共和国、パナマなどのカリブ海諸国に、日本、韓国、台湾、オーストラリアなどのアジア・オセアニア地域を加えた『国際ドラフト構想』があった。

これが、現実の問題となるのか、当面は実現できなくても、選手の供給源としての日本という立場は、ますます鮮明になってくるのではないか。日本のアマチュア選手にとっても、フリーにメジャー球団と交渉できる状況からは、大きく展開が変わっていくだろう。日本の市場は荒らさないのが暗黙の了解事項だが、いつまでもこの状態が続くとは限らない。メジャーの動向をきちんと把握するためにも、『対米局』の設置は急務である。

メジャー・リーグの海外戦略はかなり目立っている。

例えば、野球の未開拓地ともいうべき中国に最初に手を差し伸べたのはドジャースのピーター・オマリー・オーナーだった。天津ドジャース・スタジアムを建設、地元に寄贈したのが86年。人口13億人の中国への投資には、野球を根づかせ、それに伴う見返りがあると計算しつくした行為ではないだろうか。

もちろん世界戦略の一環として、日本でのMLB開幕戦開催がある。00年のカブス―メッツ、04年のヤンキース―デビルレイズ、08年のレッドソックス―アスレチックスと4年ごとに行われている。ただし、これを恒常化させていいものだろうか。

MLBは、日本以外でもメキシコ、プエルトリコなどで試合を行っているが、日本での興行は成功している。入場料金の高さなどから考えても、おそらく当該球団は、米国で主催する試合以上の収入を得ていると思う。MLBの国際市場拡大に、日本球界と大新聞社がここまで力を貸すべきなのだろうか。

問題なのは、第四章でも触れたが、パ・リーグの公式戦がはじまっているというのに、セ・リーグの本拠地である東京ドームでメジャーの開幕戦を開催しなければならないのか、ということだ。誰もが疑問に思うことだろう。MLBが日本のプロ野球のビジネス上でのライバルと見なすなら、この時期に開催をOKするのは営業妨害に当たるのではないか。

確か、バレンタイン監督（ロッテ）が「これは、日本の野球を世界一魅力的なものにしようとは考えていない人たちによる誤った決断だ。NPBはパ・リーグを過小評価している」と発言したことがある。元メジャー・リーグの監督にこういわれて、どう反論するだろうか。

開幕戦の開催そのものを拒否はしない。どうしても日米協力の名のもとに実施するのならば、日本の公式戦がスタートする前にやるべきだろう。バレンタイン監督だけでなく、パ・リーグはなぜ反対しなかったのだろうか。いや、反対はあったかもしれない。日本での主催には巨人の親会社である読売新聞社が名を連ねている。MLBから、日本での開催にあたって指名してきたそうだ。過去の日米野球等の実績を評価されてのものだという。巨人の親会社が、同じ日本プロ野球を構成するパ・リーグの試合を妨害しているのだ。

その巨人に在籍していた上原投手は、テレビの番組内でこう発言している。

「なぜ、パ・リーグのレギュラーシーズンがスタートしているのに、メジャー・リーグが日本で試合をするのか。彼らはパ・リーグがすでにはじまっていることについて、よく考えるべき」

〝彼ら〟とはおそらく、主催者や開催を最終的に許可したコミッショナーを指しているのだろう。いっていることはまさに正論である。もし日本のコミッショナーが、開催にあたってスケジュールが重ならないよう、米国コミッショナーと交渉できたのであれば強く反対すべきだった。結果論でいえば、敵に本丸を明け渡したわけで、まったく情けないのひと言である。

## 「野球は文化」の米国

同じことを米国でやったらどうなるのだろう。メジャー・リーグが開幕しているのに巨人－阪神をどこかの球団の本拠地で開催したら、どんな反応が起きるだろうか。非難される前に、メジャー本拠地球場で実施できるかどうかわからない。ひょっとすると無視されてしまうのではないか。

「野球大使」として、日米交流に尽力した鈴木惣太郎さんのような人物が必要ではないかと考える。

本当の意味での交流を図るには、相手への理解と信頼が前提になってくる。ホノルルに移住して、年に何回か本土へ野球を見にいくことがある。球場で感じるのは、ファンの野球に対する思いの深さだ。野球を知っているのはもちろんだが、野球を十分に楽しんだ上で、選手の価値を心得ている。評価すべきときは評価し、ダメなプレーには贔屓《ひいき》のチームだろうとブーイングを浴びせる。

でもそこにはユーモアと愛情がある。04年6月のことだった。ロサンゼルスで、インター・リーグ、ドジャース－ヤンキースを見た。ワールドシリーズ以外では初対決となった両リーグの人気球団同士の戦いに、ドジャー・スタジアムは満員。ヤンキースの主砲、アレックス・ロドリゲスが右打席に入った途端、上の観客席から偽ドル紙幣が舞ってきた。年俸2500万ドルもの高額年俸をもらっている割には働かない(?)A・ロッドへの皮肉とユーモアである。これはドジャースファンだけでなく、ヤンキースファンも大受けした。日本人の私も女房も大笑いしたものだ。

そんなファンが野球を支え、愛し続けている。「野球は文化」というが、米国ではそれを実感できる。親子で観戦をしながら、父親から息子(娘の場合だってある)へ歴史が伝えられていく。

「ジョー・ディマジオは、こんなプレーをしたんだ」という会話が聞こえてくる。08年のオールスターは、このシーズン限りで終わるヤンキー・スタジアムで行われた。セレモニーには殿堂入りしたかつての名プレーヤーたちが顔をそろえた。現役のスターたちがそれぞれのポジションに散り、偉大な男たちと尊敬の念を込めた挨拶と握手を交わしているのが見える。そんな光景を目にしながら、スタンドでは、かつての名選手たちを解説する親たちの姿があったと思う。

メジャーを見て痛感するのは、古い人たちを大切にすることである。翻って日本ではどうだろうか。伝説の選手ともいうべき川上哲治さんを知らない現役のプロ選手がいる。あの長嶋茂雄、金田正一すら知らないのだから。それは、日本野球の歴史をきちんと後世に伝えていないからだ。

日本プロ野球史を広めるためには、メディアの力を借りることも必要だが、まずはプロ野球界が率先して歴史を伝える伝道師にならなければいけない。それを実現するチームが、NPB内にあってもいいではないか。

メディアと協力しながら、折りにふれて日本のプロ野球史を伝えるような機会、イベントを行っていくべきだ。何をどういうスタンスで伝えていくか。MLBに学んでもいいじゃないか。日本とはどう違うのか、いいものはいい、と謙虚に採り入れる姿勢が求められると思う。

# 第六章　ＦＡと選手会にもの申す

## 補償金制度は撤廃せよ

日本では、2008年からFA制度が変更された。FAの資格取得期間が海外移籍は従来のままの9年で、国内移籍については8年に短縮。07年のドラフト以降に入団した大学・社会人は7年となった。

プロ野球選手会（労組）からの強い要望で1993年に日本でも制度化されたFA。客観的に見て、日本では根づかない制度だと思っていた。なぜなら、かつてはFAの恩恵を享受できるのは、ごく一部のトッププレーヤーと限られた球団という印象があったからだ。自分をより高く評価してくれる（単刀直入にいえばより高い年俸を払ってくれる）球団へ移籍するというのは、プロとして当然の行為だが、同時にFA制度に期待されていたのは、現所属の球団よりもさらに出場機会を求めて移籍できる、ということだったのではないか。

トレードさえままならない日本球界で、新たな活躍の舞台を求めて行動するということは、現実としては難しくなっていた。いわば中堅どころが、この制度を使ってフリーに動ければ様相は大きく変わっていったのである。だが、現実問題となると、選手には「FAを宣言しても、どこも取ってくれないのではないか」という不安がつきまとっていた。

したがって、宣言する前に〝受け皿〟が準備されていないと、手を挙げることができない状態がままあった。その不安を増幅させていたのが、移籍球団が旧所属球団に一定の金額を支払う『補償金制度』である。08年まで人的補償がない場合は、その選手の年俸の120パーセント、人的補償がある場合は年俸の80パーセントと決められていた。これでは、球団財政の面からいっても二の足を踏むことが十分予想される。とくに高額年俸選手のケースは、現状からいって移籍可能な球団は限定されてくる。

さらに次のランクの選手にしても、補償金の存在が獲得を困難にしていた向きがある。それが今回の改定でやや緩やかになった。各球団の日本人選手を年俸順にA（1～3位）、B（4～10位）、C（11位以下）の三ランクに分ける。人的補償がない場合、Aは年俸の80パーセント、Bは60パーセント、Cはなし。人的補償がある場合、Aは50パーセント、Bは40パーセント、Cはなし、となった。

選手が活発に移籍することを期待するならば、本来は補償金など撤廃した方がいいと思う。選手会もそういう主張だったはずである。球団側にとって、それをすべて受容することはためらわれたのだろう。とくに『選手が出て行く球団』にしてみれば、選手はいなくなる上、お金も入ってこないという状態だ。ＦＡ選手を獲得する側と供出する側の妥協案ともいうべきか。

改正決定当時の宮本慎也選手会長は「Ｂランク以下の選手が移籍しやすいようにしたい」と話していたが、それこそが、ＦＡを実体化するための策だったと思う。従来のＦＡ交渉は、結局は移籍する選手と球団によるマネーゲームであって、球界を活性化するという大きな目的は達成されていなかったのが実情だ。〝脱マネーゲーム〟は実現したい。

ＦＡ制度ができて16年。09年1月までにのべ55選手が移籍したが、国内移籍に限定するとわずか41人である。1年平均2・6人の計算になる。これでは、やはり限られた選手と限られた球団だけの話となる。今回の改正で、本来の目的に向かってようやく動き出したといえるのではないか。低年俸の選手、財政的に豊かでない球団もＦＡ制度の恩恵を受けるようになってくれるといいが……。

## FA取得期間は7年がベスト

FAのことを考えていると、必然的にドラフトやトレードの話につながってくる。現在は廃止されたが、かつてドラフトでは「逆指名」「自由獲得枠」「希望入団枠」という名の（中身はほぼ同じだが）選手が希望する球団へ入団できる制度があった。

これらのシステムがあったときには「自分の行きたい球団へ入った選手も、同じ条件でFAになれるのはどうか」という素朴な疑問があった。私は現在の「1位のみ入札で、あとはウエーバー制」より、「完全ウエーバー方式でFA資格取得期間を短くする」案を以前から支持している。最初から球団は選べない（といっても選べるのは常に大学・社会人であって、高校生は除外されていた）代わりに、7年でFA資格を得られれば、選手にとっても将来への選択肢は広がるだろう。

MLBに目を移すと、08年のア・リーグ優勝チームのレイズは最下位率9割。ドラフトで、アマチュアの好選手を指名、獲得できたことが躍進の一つの要素になっている。もちろん、その好素材を育てる力がチームにあったことは間違いないのだが、制度的に戦力の均衡化と全体の活性化を目指しているともいえる。

もちろん、そうやって好選手が育っても、FAで他球団へ移籍という事態もまた待っているわけで、球団（とくにゼネラル・マネジャー）は常に戦力補強を考えていかねばならない。それもまた、活発なトレードに直結する。

ところが日本の場合、このトレードがなかなか根づかない。日本球界ではお互いの戦力を補う手段としてのトレードよりも、対象選手がチームから浮いているとか、不満分子であるといった考えに基づくものが多い。戦力補強に対する考え方の違いだろうが、もう少しトレードに前向きであっていいと思う。

先ほども触れたが、FA資格取得期間について、高校生も含め7年ぐらいがいいのかなと思う。これは経験からくる感覚的なものだけれど、入団直後にレギュラーになれるのは特定の選手である。だいたい3～4年で定位置を確保し、実績を積んで7年程度になれば、外へ出ても堂々とやっていけるだろうと思うからだ。

だが、選手会ではメジャー並みに6年という主張もあるようだ。これに反対する球団の論理としては、取得期間を短くすると、その選手を引き止めるために、契約年数を拡大したり年俸が高騰するなど、球団の財政的な負担が大きくなるということらしい。それは理解できるが、あらためて冷静にみたとき、現在の日本プロ野球選手の契約金、年俸というものは適正なのだろうか、とは思う。

## まかり通るご都合主義

球界の常識として私は認識しているのだけれど、12球団で黒字経営になっているのは、巨人、阪神、広島ぐらいではないか（一説には巨人、阪神だけ）、といわれている。かつては「セ・リーグは黒字、パ・リーグは赤字」とされていたが、今では4分の3が赤字ではないかと想像されている。こういういい方しかできないのは、プロ野球球団は株式会社ではあるが、収支決算をはじめ経営実態が一般には公表されていないからだ。04年の球界再編のときにも、各球団の経営の苦しさが表面化した。結局、消滅した近鉄は、毎年30～40億円の赤字を出しながら、球団経営を続けてきた。それまで球団は赤字を出しても、親会社の広告宣伝費として補填を受けることができたのだが、親会社自体の経営が厳しくなれば、補填打ち切り、球団存続困難の事態へと動くのは必然だった。

以降、各球団の経営状況が好転しているとは思えない。ましてや、世界的な景気後退期に入っている。08年暮れに、バレンタイン監督の契約問題が表面化したロッテでは『27億円の赤字』と公表された。優勝した05年で20億円、平均すると毎年30億円前後の赤字だったという。球団がこれまで存続したのも、すべてはロッテ本社が赤字補填をし続けてくれた結果である。

もちろん球団が赤字ではダメと決めつける気はない。それぞれに事情があるし、親会社にとって、赤字額を上回る広告宣伝効果があれば問題ないという考えもあるだろう。また、野球という文化をファンに楽しんでもらえるなら、その文化の担い手として、少々の赤字など取るに足らないといった主張があってもいい。

ただし、球団レベルでは、やはり『身の丈経営』という概念があっていいのではないか。要は赤字球団のほとんどが、赤字を構造的なものとして認識して、それを是としているのだ。その一つが入団の際の契約金の問題である。一般の目からすれば、球団が赤字でありながら、プロではなんの実績もない選手に対して、1億円を超える契約金は破格だ。かつては『退職金の前払い』的ないい方がされていた。やはり選手は成長して実績を積んでこそ価値が生まれる。その価値について年俸という形で支払われればよい。プロとして価値がまったく未知な者に対して、巨額な金額を払うことに私は疑問を持っている。それまでの慣習、といわれたらそれまでだが、契約金については検討の余地があるように思う。加えて、FAによる年俸高騰という現象も起きている。第九章で、改めて再考したいと思う。

FAの問題に話を戻そう。今度は海外移籍のFAについてである。第五章でも触れたが、メジャーへ移籍するには、自由契約かFAに限定すべきである。ポスティングには反対と書いてきたけれど、ポスティングについて、選手にOKを出す球団と許さない球団があることに違和感を覚える。

いい換えると夢をかなえられるところと、そうでないところがあるのだ。確かにポスティングというのは球団に与えられた権利であり、選手のものではない。だが、実際には選手が強硬に主張して球団を追い込んでいる例がある。聞いていると、入団の際に口約束をしている、という噂もあるほどだ。

ただ、口約束だから球団としても正式なものではない、といえるかもしれない。だが選手にすれば「あのとき、約束したではないか」となる。こうなると泥試合である。また一方で球団にすれば、ポスティングには入札金という収入が存在する。だから、むげに希望を却下するのではなく、FA資格取得の1年前にポスティングにかけるのである。選手のメジャー移籍という希望と、球団にとって財政的魅力に対する思惑が合致するわけだ。どうもすっきりしない。みんなご都合主義である。

### 外国人選手も例外なく扱え

FAでいえば、以前から立腹していることがある。外国人選手の『1年でFA』である。簡単に説明すると、日本の球団と契約している多くの外国人選手が、契約切れとともにFAの資格を得る、という契約を交わしているのだ。だから、今年はA球団、来年はB球団といった具合に渡り歩くことができるのである。外国人選手といえども、日本の球団と契約している以上、日本人選手と同様に野球協約および統一契約書に従わなければならない。

ところが、外国人選手の場合、例外的に扱われることがあるのだ。翌年の契約がまとまらないと、FA扱いになってしまうことが多々ある。日本人選手なら自由契約、任意引退にならない限り保留選手名簿（11月30日締め切り）に入るのだが、外国人選手の場合、多くは「11月末までに契約交渉がまとまらなかった場合は自由契約選手になる」といった条項をサイドレターで交わしている。

本来なら球団が保留権を持っているはずなのに、外国人選手はフリーになるのだ。契約がまとまらず移籍を希望したとしても、あくまで球団が移籍交渉をするのだが、そういう契約を交わしている外国人選手は、球団の束縛を受けず、より条件のいい球団へ自分の意思で移籍してしまう。

代理人との交渉結果、といってしまえばそれまでだが、日本人選手との差を痛感する。どうしてこれを許すのか、改善すべきだろう。まずは、特例を認めるような付帯条項を許さないことだ。そこには球団サイドの弱みがあるのだろうが、球界として断固拒否するといった強い姿勢が必要だろう。日本人も外国人も野球協約上は平等であるべきではないか。外国人選手の場合、球団に愛着がそうあるわけではない。あくまでビジネス本位で球団を選ぶ。より条件のいい方を選択するのが、当たり前という理屈である。

08年の春先に起きた『パウエル問題』を覚えているだろうか。前巨人投手、ジェレミー・パウエルをめぐって、まずオリックスがメディカルチェック後に正式契約するとして獲得を発表した。その後、ソフトバンクが統一契約書にサインがあるとして入団を発表。オリックスは「合意した選手に手を出さないのは球界の暗黙のマナー」としたが、手続き上に問題があり、結局は小池唯夫パ・リーグ会長の勧告を根來泰周《ねごろやすちか》コミッショナー代行が白紙に戻し、あらためてパウエルとの合意を取りつけたとして、ソフトバンクとの契約を認めた。

確かに日本の球団サイドに問題はあったが、パウエル側のやり方にも非難が集まって当然だったと思う。まあ、代理人は「より有利な条件を選ぶのは当然」というかもしれないが……。こんなことが通ってしまうから、『日本は外国人天国』と揶揄《やゆ》されてしまうのだ。

## 今後が不安の年金問題

ＦＡは、選手会が『移籍の自由』という長年の思いを貫き、球団経営者側もその制度による利益（力のある選手が獲得できるという）を得られることから、一気に実現した。私の印象では「勝ち取った」ものではない。

しかもこれまでは、一部の限られた人間しか恩恵を受けていない。選手会とすれば、もっと選手会全体に利益をもたらすものでなければならない。今の時代、選手会には『年金問題』をなんとかしてほしいと思う。目先の利益よりも将来にわたる問題として年金をとらえてほしい。なぜならプロ野球年金は財源問題に直面して、危機的状態と噂で聞いているからだ。

日本の場合、年金受給対象者は在籍10年以上で、支給は50歳から。支給額は年間約96万～１２０万円となっている（85年～90年に退職した人物）。一般の年金システムと同じく、ＮＰＢと選手会が双方負担する積み立て方式になっている。ところが、受給者の増加と財源不足のため、現在の日本社会の年金同様、大きく揺らいだという。

そこには構造的な問題が横たわっている。メジャー・リーグの場合、受給資格があるのはメジャー選手のみ。だから全体としては限られた人数であり、10年以上になれば、年間受給額が2000万円以上といわれている。それは財源も受給対象者数も安定しているからだろう。だが、同時にメジャー・リーガーのみで構成される大リーグ選手会が、機構側とのストライキを含む戦いのなかで勝ち取ったものであることを忘れてはならない。

では日本の選手会はどうだろうか。米国と違い、一、二軍を問わず加入できることで、上は年俸5億5000万円のスタープレーヤーから、下は支配下選手の最低保障額である440万円の選手まで、実に参稼報酬額（年俸）には幅がある。その幅のなかで、方針を決めていくことは大変だと思う。

昔のことになるが、初代労組選手会長の中畑清（元・巨人）に「野球選手の年金が厚生年金や共済年金に比べてどのくらい差があるのか、みんなに知らせてほしい。選手会は、年金改革に絞って活動していくべきではないか。プロ野球選手といえど、大衆をバックに戦っていかないと、支持は得られないのではないか」といったことがある。だが、選手会としては、野球協約改正やFA制度導入を大きな柱に掲げて戦ったため、年金問題はあと回しになってしまった。

冷静にみた場合、日本ではプロ野球選手への理解は少ないと思う。10代で年間何千万円、その後は何億円もの金を手にできる。だが、安定した職業ではない。選手生活を終えたあとの第二の人生にも不安は残る。現在、選手会はセカンドキャリアへのバックアップに力を注いでいるようだが、その財政的基礎となる年金問題については、どうするのだろうか。ひとごとながら不安になってしまう。

「あなたも年金を受け取っているのでは？」と質問されそうだが、私は、選手年金については55歳のときに一時金として受け取っている。また私は、厚生年金もわずかながら受け取っている。なぜなら、私が選手として在籍した巨人軍は、当時㈱読売興業を構成する会社だったからだ。当時の巨人ナインは、個人事業主でありながら、読売興業の社員として厚生年金を支払い、健康保険組合にも加入していたのである。他球団の選手はおそらく国民年金に加入しているはずで、こういう形で社会保険を支払っていたのは巨人だけだろう。

# 第七章　田澤問題とドラフト

## 田澤問題は日本球界の怠慢

新日本石油ＥＮＥＯＳの田澤純一投手が、日本のドラフト会議での指名を拒否、ボストン・レッドソックス入りした。日本のアマチュア選手でドラフト1位クラスが直接米球界入りするのは、はじめてのケース。私はメディアを通じて知ったのだが、日本では大分混乱があったようだ。日米間には、ドラフトにかかるような選手については双方獲得を自粛するのが望ましいという暗黙の了解があり、１９６２年に『紳士協定』が交わされた（ＭＬＢ側は紳士協定などない、といったという説もある）。

ただし、職業選択の自由を保障する労働法などから見て、この協定は明文化できない、と聞かされた。正に暗黙の協定である。それに沿って、46年間、ドラフト候補選手の流出はなかった。

今回の〝事件〟について、日本国内では『協定破り』をしたとして、米国側と12球団へ「ドラフトで指名しないでほしい」と要請して米国行きを決めた田澤サイドに非難が集中した。巨人・滝鼻卓雄オーナーにいたっては「今後米球界には選手を供給しない。断絶だ……」といった、なんとも首を傾げたくなるようなコメントをしていたところに日本プロ球界の驚きが感じられ、また予測しない事態に面食らっていた人たちも大勢いたようだ。でもこれは違うと思う。とくに田澤投手については、なんらルール違反をしているわけではない。

巨人にしても、台湾から有望選手を引っ張ってきているのだから、今回の事件をそういう形で非難はできないだろう。今回の問題は、日本のトップクラスのアマ選手が、海外のプロ組織でプレーすることを予想しておらず、そのための規定がなかったから起きたことである。その点でいえば、日本球界の怠慢といわれても仕方がない。

思い出してほしい。さかのぼること10年以上前の98年、大阪体育大学4年の上原浩治投手が、巨人入りか大リーグのエンゼルス入りかで悩んでいた。結局は逆指名で巨人を選んだが、あのとき「もし上原がメジャーへ行ったらどうなるのか」という議論が巻き起こっていたら、様相は随分変わっていたと思う。

先見性のなさが、今回の事態を招いたといえないだろうか。

ルール上、田澤投手の米国行きは阻止できない、とわかった途端、日本球界は敏感に反応。実行委員会で防御策(?)を決議した。日本のドラフト対象選手が、メジャーなど、外国のプロ野球チームと契約した場合、帰国してからNPBの球団でプレーするのに年数制限を設けるというものだ。

高校生なら3年、大学・社会人なら2年の「空白期間」を置くという。この2、3年プレーできないというのは、実質的には「追放処分」に近い。もっとも社会人チームや独立リーグが一時的な受け皿になれば別だが、このやり方はアマ選手への恫喝《どうかつ》にも聞こえる。この措置がアマ選手の海外流出の抑止力となるかは疑問だ。逆に反発も予想される。

確かにリスクを犯して海を渡った以上、向こうでダメだったから、今度は日本でというのは、日本でチャンスをうかがっているプロ野球選手には許せない話かもしれない。しかし、同時に失敗して帰ってきたら「どうぞ」と手を差し伸べる気持ちがあってもいいのではないか、と思う。たとえ外国で失敗しても、海外で学んだものを日本で生かせるようにしたらいいではないか。簡単に復帰の芽を摘む、というやり方には賛成できない。

## ルールを熟知するメジャーのスカウト

アマ選手の海外流出が日本より頻繁な韓国では、以前は母国のプロ野球でプレーするまでに5年間の制限があったが、それが2年となり、現在は有名無実化されているとの報道があった。私は日本のプロ野球で受け入れていいと思う。だが、すんなりドラフトにかけるのではなく、育成ドラフトに限定し、2年間は育成選手としてプレーする義務を負わせる。3年目ではじめて支配下選手になれるというのはどうだろう。

この2年間で本当のプロ野球選手になってくれ、という思いを込めたつもりだ。ただ、ペナルティー的に拒否をする考えには賛成できない。

やや感情論でいわせてもらえば、田澤問題は事が起きてからあわてて策を練る、という日本のプロ野球界の悪い側面が出た。理屈からいえばおかしいところがあるのだ。ドラフトに関して、職業選択の自由を標榜する球団があるのに、田澤投手がそれを主張すると、批判めいた言葉が飛び交う。いつも思うのだが、日本のプロ野球界はいっていることとやっていることが矛盾している。

今回は田澤投手がドラフト1位確実といわれる逸材だったからこそ起きた。

かつて兵庫・滝川第二高を中退してアメリカに渡り、マイナー・リーグから挑戦してシアトル・マリナーズでメジャーリーガーになったマック鈴木（誠＝後オリックス入り）は、高校中退であり、力量的にドラフト指名選手になりえなかったという解釈だそうである。

もちろん過去には、日本のドラフトにかからず、米国に挑戦したアマ選手はかなりいたはずだ。素朴な疑問なのだが、メジャー・リーグでは、ドラフト対象となる米国、カナダ、プエルトリコ以外の選手については17歳から契約可能なので、高校2年で中退してメジャーへ挑戦できる。そういった選手への対策も立てねばならない。また『ドラフト対象選手』というのは誰が決めるのだろうか。高校、大学生の場合、日本のプロ入りを希望する際には『プロ入り志望届』を日本高校野球連盟、全日本大学野球連盟に提出しなければならない。

メジャー志望の選手は提出しないわけで、それでも対象選手となるのか。対象となる技量を持った選手というのは誰が認定するのか、などと考えてしまう。

知り合いの野球関係者と話していたら『アマ選手獲得のルール不整備』以外にも、

今回、考えさせられるテーマがある。私は「田澤投手については、米国が無理やり取ったわけではないだろう」と話すと、彼は「メジャーの球団が水面下で事前接触していたのでは、という疑念が日本の球界にはあります」という。

社会人選手は、日本野球連盟（社会人野球を統括）の登録規定で、一定の時期までプロ球団との交渉が禁じられている。しかし大リーグについては、想定していない。スカウト登録もされていない。したがって、日本国内にかなりのメジャー球団のスカウトがいるのはわかってはいても、その行動については把握していない。日本のプロ球団のスカウトに比べて、フリーに行動できる大リーグスカウトが、狙いを定めた選手に接触することは十分に予想できる。

だから彼がいうように、日本の球団に先駆けて選手と交渉していたらどうなるのか。当然のごとく、条件等の事前提示があったかもしれない。田澤投手がメジャー球団と話し合うために渡米する前、日本にいるときから『レッドソックス有力』という記事が出ていたし、私もこちらでチェックした覚えがある。

もちろん、これは合法的なスカウト活動の成果としかいえない。メジャー・リーグのスカウトは、日本球界のルールを熟知している。訴訟問題にならないよう十分に留意している。これもまた、制限する規定がないことだから、新たな決まり事を作るしかないと思う。もし、今回のことで、メジャー・リーグ側へ怒りをぶつけるようなことがあるなら、それはまったくの誤りで怒りの矛先は自分たちへ向けるべきだ。

## シフトチェンジ

私が興味を持つのは、事前に交渉しただろうと思えるメジャーのスカウトたちが、田澤サイドにどんな話をしたかだ。以前にも触れたが、メジャーのスカウトの優れている点は、選手の価値をきちんととらえていることである。そのなかで、あらゆる角度から評価を下している。07年、レッドソックスが松坂と60億円の大型契約を結んだが、松坂入団によるさまざまな経済効果を配慮しながら算定した金額だという。日本人スカウトの選手に対する評価が、そこまでなされているとは思えない。勝手な想像ではあるが、メジャー側の評価に、田澤投手の気持ちを動かすものがあったのではないだろうか。

私は「これから」を心配している。田澤問題はきっかけにすぎない。社会人に限らず、大学・高校生が直接メジャーへ挑戦する可能性があるからだ。

今回の田澤獲得の背景にはメジャー側の事情もありそうだ。松坂の成功の影で、井川（ヤンキース）のポスティングは大金を無駄にしたといわれ、FAの福盛和男（レンジャーズ）、薮田安彦（ロイヤルズ）も実績を残せなかった。

これから日本のプロ野球を見る目も変化してくると思う。今までのポスティング、FAによる補強第一という考え方から、金銭的にもリスクが抑えられるアマ選手中心に獲得方法がシフトするのではないか。田澤はレッドソックスと3年総額330万ドルで契約した。年齢的なこと、将来的なことを考えれば、球団としては高くない。ただし、選手からすれば、契約金で最高1億円（＋出来高5000万円）の制限がかけられている日本の球団に比べれば、その目には魅力的に映ってしまうだろう。

世界的な景気後退を引き起こした米国で、例外的にバブル的な繁栄を誇っていたメジャー・リーグでも、ここにきて変化が見られている。FA選手の大型契約が少なくなり、年俸もそう高くはなっていない。経済情勢もあって、日本人FAより、おなじフリーエージェントでも単価の安いアマ選手にターゲットを絞っていくことが予想される。2010年にもし斎藤佑樹（早大）が「メジャー挑戦をしたいので、日本の球団はドラフトで指名しないでください」と表明したら、日本の球界はどうするのだろう。

現在、それを止める手立てはないのである。

**日米に見る環境の違い**

ハワイから見ていると、日本人はメジャーに「侵略されている」という意識が強いように感じる。「メジャー側の行為が、我々を苦しめている」というような思いを持っているのではないか。

それよりも自分たちを見つめ直そう。原点に返って「田澤がなぜ、メジャーへ行ったのか」を考えたい。田澤はメジャー挑戦を表明した記者会見で「メジャーに挑戦できるチャンスはなかなかない。不安は多いが、チャンスがあるので試してみたい。力がどこまで伸ばせるか試してみたい」といった発言をしている。

そこからは、夢へのチャレンジという思いが強く伝わってくる。そういう思いを日本のプロ野球に向かわせられなかったことが残念である。田澤にとって、日本の球界が魅力的に見えなかったのだろう。確かに世界最高のところでプレーしたい、という夢はわからないでもない。だが、日本のプロ野球にチャレンジして、さらに魅力的ならばメジャーへ挑戦したい、と思わせたかった。

だから、これから考えなければいけないのは「メジャーへ行かせない」ことより、「日本のプロ野球ってすごいね」とみんなに感じさせることではないか。

加えて「メジャーだけが魅力的ではない、日本の野球だって素敵だ」といえるようにすることだと思う。どうしたら魅力のある球界になるのか、これは機構・球団・選手会、そして国民みんなで考えてもいいテーマだと思う。比較検討する材料だってたくさんあるだろう。それに野茂以下、多くの（元）メジャー・リーガーが日本にはいる。彼らからメジャーの長所、改善点など話してもらったらどうだろう。逆に、米国でプレーしてこそわかる日本プロ野球の特色や問題点も浮かび上がってくるだろう。その対策を組織を挙げて作っていけばいいと思うのだ。

テレビでMLBの中継を見ていて、最近、外野手のダイビングプレーが増えたと感じている。球場が人工芝から天然芝に回帰したこともあるだろうし、フェンスが代わって、ぶつかってもユラユラ揺れるような素材を使っていることもある。思いきったプレーでファンの心をとらえているのは事実だ。

そういうプレー環境の違いが日米には存在する。やはり人工芝が、そういう思いきったプレーを阻害していることは否定できない。こういった球場を包む環境をとっても、日本にない何かがあるから、という思いが選手たちにあるのではないか。それを見つけ出して、日本に取り入れることも大事なことだと思う。

例えば、巨人の滝鼻オーナーがヤンキー・スタジアムなどのロッカールームを見て、日本の球場との大きさや設備の違いに驚き、東京ドームのロッカールームの改善を要望したという話が伝わってきた。「何をいまさら」とは思うが、大事なのは、取り入れた方が良いと思われるものは、どんどん採用すべきということだ。

メジャーとの違いはたくさんある。移動にチャーター便を使うなど待遇のことをいい出したらキリがないが、できることはあるはず。前の章で書いたが、年金改革もその一例だと思う。一軍で5年プレーしたといっても、9年で退団してしまえば年金支給はなく、10年二軍暮らしの選手（実際は稀だが）には支給されるのである。ちいさなことでいいから、自らの目で現状を確認して改善すべきところは改めていくことが必要だ。

### クリーンなルール作りが重要

今回の田澤問題でプロ側から多く出されていた意見は、ドラフトにかけられ、契約金等の制限がある日本と、大げさにいえば〝青天井〟のメジャーとの差が問題であるということだった。それを埋めるため、かつての自由競争的な考えを持つ球団もある。巨人の清武英利球団代表は産経新聞の取材に、

「職業選択の自由はメジャーだけのものではない。（日本でも）ここ（球団）に行きたいと強く思っている人と、どこでもいいと思う人でドラフトを分けるとか、やり方はいろいろある。契約金にしても、球団が『うちはどこまで出す』とコミッショナーや調査委員会に報告して、NPBが交渉を管理すればいい」（08年12月17日付）

と答えている。ここには、かつてあった「逆指名」「自由枠」「希望枠」を復活させたい一部の球団の主張が代弁されている。

しかし「希望枠」は、西武の裏金問題を契機に、不正行為を生む温床になるとして07年のドラフトから廃止された。有望選手に「逆指名」してもらうために、球団が多額の金銭を使うことになった。「1億円＋出来高5000万円」という契約金の最高額（とはいっても上限を決めると、独禁法に抵触するので拘束力はない）は守られない。横浜に希望枠で入団した投手は、5億3000万円の契約金を得た。所属する大学の監督は「私はお金をもらっていない」といいながらドイツ製の高級車を贈られたという。ドラフトでは選手だけでなく、学校関係者、後援者らに多くの金がバラ撒かれるのが現実だ。

だから、そういった自分たちで決めたルールを守り、クリーンに物事を進めていくことが求められている。ちなみに、いつも疑問に思っていることだが、新人の契約金で1億円はわかるのだが、5000万円の出来高とは一体なんだろう。新人たちに提示される出来高達成のラインとは何か。それぞれの球団、選手によって違いはあるのだろうが、さほどハードルが高いものではなく、契約金の最高額が1億円とされているゆえに、名目で付け足された「追加契約金」ではないのか。いつもドラフトにはグレーゾーンがある。

かつて逆指名の時代に6億円やら7億円といったとんでもない金額が手渡されたという話が、球界に蔓延《まんえん》したことがあった。もし自由競争ということになれば、また札束が飛び交う事態になりかねない。球界がルールを守るかどうかが、キーポイントになる。

何度も繰り返すが、ドラフトは必要であり、完全ウエーバー制にすべきだと思う。

## プロ野球は競争社会ではないか

では、ドラフト制度堅持を前提に問題点をピックアップしていきたいと思う。一つは人数制限である。現在は1回につき120人(当面は育成枠を含む)とされている。これは支配下選手枠(70人)と関連しているからだ。

私の持論でもあるが、プロ野球界をダメにしている要因の一つが、この70人枠である。簡単にいえば、ドラフトで毎年何人か入団してくれば、枠から外れる人間が出てきて退団を余儀なくされるということだ。プロ野球界というところは、変なところで平等主義である。財力のあるチームは１００人の選手を抱えてもいいし、逆にさほど裕福でないところは60人の少数精鋭であってもいいのではないか。

現在のやり方では、本来競争社会であるはずのプロ野球界が、それを半分放棄しているように見えてならない。

さらに裾野を広げるためにも支配下選手枠は撤廃すべきだ。現在、支配下選手枠とは別に育成枠が設けられている。育成選手は最低年俸２４０万円。ファームの公式戦に出場できる人数は、五人と制限されているが、二軍の試合、一軍オープン戦などに出場できる。この考え方をもっと拡大したらいいのである。現行の支配下選手の最低保障（４４０万円）は廃止して、年間２００万円でもいいから契約するのである。

08年、セ・リーグ新人王となった巨人・山口鉄也投手は、育成枠がなかったらプロに入ることができないか、遅れてしまったかもしれない。２４０万円でスタートしたプロ野球人生が、今や４５００万円の年俸を得るまでになった。

ドラフトといえば、必ずあるのが「この球団以外は行きません」という選手の存在である。逆指名が認められていた時代なら、志望球団との話し合いが合意に達すればその球団から指名してもらえるのだが、現状ではクジ運に頼るしかない。FA資格取得期間が短縮されて、7年たてば希望する球団に入団できる可能性が大きくなっている。それなのに「巨人へ行きたい」というアマ選手がいることに驚きも感じている。

その純粋な気持ちはわからないでもない。しかし、私は「あなたの希望はプロで野球をやることではないのですか」と問いかけたい。ホンダの長野久義選手のことだが、日本ハム、ロッテと2年連続でドラフト指名を受けたが、拒否した。一瞬、巨人と密約があるのではないかとさえ思ったが、そうではないらしい（09年2月、巨人は早々と1位指名を公表、長野側に伝えた）。もちろんプロ入りする自由もあれば、拒否する自由もある。しかしドラフト指名枠がある現状では、連続拒否の選手については「入りたくなければ結構です」というぐらいの強い姿勢をみせてもいいのではないか。

ドラフトをめぐっては、FAとのリンクで考えたらどうだろう。FAで国内移籍をした場合、人的補償として、その選手の旧所属球団は移籍球団の選手のうちプロテクト外から一人選ぶことができるが、選択肢を広げ、移籍チームのドラフト指名権（獲得した選手のランクに応じて、何位指名かを決める）を譲り渡すというのを加えたらどうか。既成の選手を選ぶか、将来を考えて選手を選ぶのか、その球団に合った方策を選択できたらいいと思う。

最後に、次の章でも触れることだが、田澤問題に端を発した日米間のアマ選手獲得ルールの制定だが、これは加藤良三コミッショナーにとっても一つの課題となる。

加藤氏は「無理な合意はできない。日米の共存共栄にMLBも異存はないでしょうが、どういう形で表現するかとなると、日米の法体制などを踏まえて考えていかなければならない」と慎重に構えている。現実問題として、米国のアマ選手が日本のプロ野球にダイレクトで入る、ということは非常に考えにくいわけで、結局はポスティングを規定した『日米間選手契約に関する協定』と同様、一方通行になることを心配している。私の思いが杞憂《きゆう》に終わってくれればいいが……。

# 第八章　加藤コミッショナーへの提言

## コミッショナーは球界の改革者たれ

「プロ野球コミッショナーとは」と尋ねられても、一般の方にはピンとこないだろう。多くは、名誉職と思われるかもしれない。しかしプロ野球界の憲法ともいうべき野球協約（2008年版）によれば「コミッショナーは、日本プロフェッショナル野球組織を代表し、これを管理統制する」として、「コミッショナーが下す指令、裁定、裁決ならびに制裁は、最終決定であって、この組織に属するすべての団体と個人を拘束する」と職権を定めている。これを素直に読むと、球界最大の権力者ではないかと思われるかもしれない。しかしながら、現実にはさまざまな制約があって、球界の統括者としては十分には機能していない。

だから、コミッショナーの存在感というものが、これまで余り感じられなかった。私がプロ野球に携わって以降、将来を見つめ、球界全体を考えた人物は、第7代コミッショナー（1979～85年）の下田武三さん（故人）しかいない。

「飛ぶボール」をやめさせ、飛距離が出るといわれた圧縮バットを禁止した。野球が五輪競技に加わることが決まると、新しい野球場は国際規格で建設するよう訴えた。

騒音にもなりかねなかった応援を規制する応援倫理三則を定め、試合時間が長くなる要因だった乱数表を禁止。日本シリーズでセ・パ両リーグの条件を公平にするため指名打者を採用……。思いつくだけでも、下田さんが手がけた改革はいくつもある。今考えると、彼は誰がみてもおかしいこと、不平等なことを改善したのだ。これだけ素早く対処した人を私は知らない。だが同時に、これだけオーナーなどから疎《うと》んじられた人もまた知らない。球界というところは、何かを変えようとすると反発が大きくなる。正論が批判されるところなのだ。

当時を知る人に聞くと、外務省事務次官、駐米大使を歴任した外交官であり、最高裁判事を務めた下田さんは「野球協約を完璧に諳《そら》んじていた」そうだ。名誉職でなく本気でプロ野球と向かい合っていた人物である。2期6年でさまざまな改革を行い、さらに延長を望んでいたようだったが、守旧派ともいうべき勢力に、その道を阻まれ退任したと聞く。再任はOKで任期中には解任されないコミッショナーだが、「結局はやりすぎた」ということなのだ。

協約上（当時）、コミッショナーは実行委員会が選任するとなっているけれども、実質的には有力オーナーを中心としたオーナー会議が決めることになる。「コミッショナーはオレたちが決めているんだ」という意識は強い。それがプレッシャーになっていたかわからないが、多くの歴代コミッショナーは、思いきったことはできず、各球団の意向に従っていた向きがある。下田さんのように業績を上げた人は早々と退任させられ、さほど仕事をしていない人が長く務めて野球殿堂入りしている（ちなみに下田さんは殿堂入りしていない）。コミッショナー自身が、まさに名誉職ととらえている人もいて、球界の問題を先送りし続けたのである。

その例外が下田コミッショナーだったのだが、その下田さんの米国大使時代、秘書官として仕えたのが加藤良三現コミッショナーである。ちなみに仲人も下田さんだそうだ。行動するコミッショナーだった下田さんと結びつきの深い加藤現コミッショナーが誕生したことは、何かの縁でもあるし、求められていることも共通しているのではと思う。簡単にいえば球界の改革者になることだ。

## 司法官＋行政官＝コミッショナー

前任者の根來泰周コミッショナー（後に代行）時代から取り組んでいた野球協約の改定作業が終了し、09年1月1日に発効した。これを見ると、コミッショナーの権限強化は図られているようだ。法律の専門家だった根來さんが、野球協約を熟読した上で「コミッショナーは司法官である」と話したことがある。いわば『法の番人』的な地位として認識されていた。だから、自らが法に沿って物事を解決していくような『行政官』とは認識していなかったようだ。そのようなコミッショナーの役割が新協約では変化している。

まず、コミッショナーは日本プロフェッショナル野球組織（NPB）の執行機関と位置づけられた。旧協約では実行委員会によって選任されていたが、新協約では最高議決機関となったオーナー会議に任免されることになる。それに伴い、職域が広がった。旧協約では、冒頭に書いた通り「組織を代表し、管理統制する」と規定されていたが、今度は「事務職員を指揮し（オーナー会議等で）決定された事項を執行」「事務の処理」と具体的な記述がなされている。

従来の「司法官」的な権限に「行政官」的な側面が加わった形となった。これにより、今までの組織を統括するというスタンスから、組織の業務に直接タッチできるようになった。コミッショナーにとって、大きな質的変化といっていい。

また、今回の改定で特徴的なのが、調査委員会の設置だろう。これまで協約違反を含め、球界で問題が起きたときに必ずいわれるのが、メジャー・リーグと違って「調査機関がないこと」だった。新協約によれば（協約等に）反する事実があるか、またはそのおそれがあると思われたときに、コミッショナーは調査委員会に調査を委嘱し、その結果に基づき制裁を科すことができるとしている。三人の委員で構成される委員会の人選がどうなるかはわからないが、一つの前進だろう。

また新協約では「若干名の顧問と補佐をおく」ことと「コミッショナーが選任する10人の有識者による有識者会議」の設置を認めている。コミッショナーが行政的手腕を発揮しやすい環境作りがなされているが、一方では従来通り、オーナー会議、実行委員会での議決権はなく、どこまで力を発揮できるのかは不透明ともいえる。

今回、セ・パ両会長職が廃止されて、実行委員会議長など、これまで両リーグ会長が務めていた役職、権限などがコミッショナーに移る。名実ともにプロ野球界を動かせる立場になったと思っている。加藤コミッショナーには、動きやすくなった環境を大いに活用して働いてほしいと思うし、大きな期待も背負わざるを得ないだろう。

## 求められる組織人たちの意識変革

私が加藤氏と知り合ったのは、04年ごろだったと思う。当時、駐米大使だった加藤氏が、ホノルルに来るので会わないか、というお誘いを受けたのがきっかけだった。かつての大リーグの盗塁王、モーリー・ウィルス、巨人の先輩だったウォーリー・与那嶺（要）さんとともに、日本領事館を訪れた。その後もワシントンとの間で手紙のやりとりなどをしたが、とにかく野球が好きで詳しい。コミッショナー就任が決まったときの記者会見で、川上哲治さんが首位打者を獲得した55年当時に使っていたサインン入りのバットを持参して話題になったが、実に古い話を知っていた。

また、観客席から見たメジャー・リーグの話も楽しいものだった。過去のスーパースターや歴史を大事にする人という強い印象を受け、勝手ながら「こういう方がコミッショナーになってくれればいいのに」と率直に感じたものだ。

親近感ゆえに、あえていわせていただく。コミッショナーも監督と同じだ。腹をくって仕事をしてほしい。私は監督職を受けた瞬間から、クビ覚悟で（コミッショナーの場合、解任されないが）やってきたつもりだ。その座に長く居続けようなどとは思わず、球界のために汗を流してもらいたい。これまで、私が見てきた球界の指導者は、多くは就任のときこそ「球界を変えなければいけない」と意気込むが、時間の経過とともに〝変貌〟していく。「球界とはこんなすごい世界なのか」などといって、改革への意欲が、従来の空気のなかに消えていってしまうのだ。

会長職といったトップの人たちばかりではない。私がユニフォームを着ていたときから顔見知りの新聞記者たちが、連盟等の職員に転身している。記者時代、球界改革論や将来の夢を語っていた情熱はどこへいったのか、と思う。組織のなかから変えなければいけないといっていたのに、いざ組織の人間になった途端の変わりよう。一体、みんな何をやっているんだと声を上げたくなる。古い野球界にウエーブを起こそうと変革を志した者が、いつの間にか安住の地を得ようとしていた、ともいえる。

新聞記者にはつい厳しく当たってしまうのだが、私の経験則からすると、彼らの特徴は「人の意見を聞かないこと」である。さらに、新しいことに挑戦するより、つつがなく終えればいいと思っている人間がなんと多いことか。

そんな世界のトップに加藤コミッショナーが立った。沈殿した空気に染まっては困る。組織に属する人たちの意識をどれだけ変えられるだろうか。人心を一新することも、新しい組織として再出発する際には必要なことかもしれない。今後、管理職については公募制にしたらどうだろうか。コミッショナーの右腕ともいうべき事務局長は、歴代、大新聞社の運動部出身者が務めてきた。従来のままでは何も変わらない。新しい発想で動くことが重要である。

プロ野球の多くの球団は赤字企業だ。コミッショナーの経費を含む日本プロフェッショナル野球組織（NPB）の経費は社団法人日本野球機構が負担する、と野球協約には定められているが、現状でいくと今後、機構自体が赤字団体に陥るというのだ。08年度で6億円近い赤字が出て、今後も年に約3億円を計上する見込みだという。そこで関係者に、今後どうしようと考えているのか聞いてみた。

答えは日本野球機構の株式会社化である。私の頭のなかでもきちんと整理されていないのだが、「社団法人日本野球機構」は日本のプロ野球を統括する文部科学省所管の公益法人である。同時に日本プロフェッショナル野球組織が存在し、かつて両者は興行面（機構）、ルール面（組織）と色分けがなされていたが、現実的には曖昧だった。今回の組織改革で、機構の内部に組織が組み込まれた形になった（ようだ）。

**『株式会社』『事業会社』設立プラン**

08年12月1日に公益法人制度改革三法が施行され、13年11月30日までに一般社(財)団法人か、公益社(財)団法人へ移行する認定申請を受けなければならない。日本相撲協会などとともに、どちらの形態を取るか注目されているという。公益法人を選択すると、税制面で優遇されるが、監督官庁の制約が大きいといわれている。

「株式会社化した場合、税率は上がるが、公益法人では認められない収益の内部留保が認められ、黒字が出た年の剰余金は、次年度以降に繰り越すことができる。また広告掲載などの自由な事業展開も可能となり、収入増も期待できる」（08年11月22日付読売新聞）という。

株式会社化や事業会社設立といったプランは、以前からプロ野球内部にあったという記憶があるのだが、それを実施するための人間、レールを敷いて実行する人間がいなかった。今回、さまざまな要因が重なってのスタートとなりそうだ。となれば、機構・組織のトップに立つコミッショナーに求められるのは経営者的感覚であり、同時にプロ野球界全体に指令を出し、動かすリーダーシップである。

MLBもかつて経営的に行き詰まった時期があった。FA制の導入で選手の年俸が高騰、赤字経営に転落した球団が多数出てきたといわれた84年10月、大英断にでたのが、大リーグ第6代コミッショナーに就任したピーター・ユベロスである。

ご存じのようにユベロスは、経営していた旅行会社を売却してロサンゼルス五輪の組織委員長に専念。テレビ放送権を入札で1社に独占させ、スポンサーから協賛金を集め、公式マスコットを商品化……と、商業主義を徹底して導入。2億ドルもの黒字を生み出し、その後の五輪運営に影響を与えた。

そして五輪の成功を見込まれて、経営危機にあるといわれた（後年、26球団中、赤字経営が18球団あるというオーナーの会計報告は事実に反するとされた）ＭＬＢのコミッショナーに就任したのだ。就任にあたり、コミッショナー権限の拡大と年俸増額を条件としたユベロスは、テレビ放送権料の大幅増額とメジャー・リーグ関連商品のライセンス料収入の大幅増をＭＬＢにもたらした。ユベロスの手法には賛否があったようだが、パイを大きくした功績は間違いない。また、バド・セリグ現コミッショナーは、3地区制、インター・リーグなどの新たなアイディアを導入して、ＭＬＢに活気をもたらした。加藤コミッショナーには、大袈裟《おおげさ》にいうと『ユベロス＋セリグ』の役割を担ってもらいたい。経営的改革と制度見直しというわけだ。

### 有識者会議に求める品格と透明性

その加藤氏の最初の仕事が、ＷＢＣ日本代表監督の選任だった。加藤氏は広く人から意見を聞いた上で結論を出すタイプのようだ。加えて周囲に気を配る、外から見ていて、あちこちに気を遣いすぎじゃないか、とさえ思う。第二章で触れたが、既定路線の星野監督が消えて、最終的には原監督に決まった。この経緯をみても、加藤コミッショナーの意志というものは、強くは感じられなかった。あくまで推測となってしまうが、渡辺恒雄・巨人会長や王貞治コミッショナー特別顧問といった、実力者の意向というものを尊重しながら決めていった、とはいえないだろうか。

周囲に気遣う加藤氏らしいやり方だったかもしれないが、代表監督選任を一任された加藤氏の意思決定というものは見えてこない。王顧問が「星野監督でいい」といえば、星野最有力になり、その後、星野氏が就任を辞退して、巨人・滝鼻オーナーが原監督容認発言をすると、最後には「原監督でどうか」となった。それがコミッショナーの考えとは誰も思わなかったろう。

今さら、ここで文句をいっても仕方ないが、あれだけ周囲の意見を聞くのであれば、代表監督の候補者を事前に挙げてもよかったのではと思う。日本社会の悪弊でもある「密室協議」で決まったと受け取っているのは私ばかりではないだろう。コミッショナー就任で間もないとはいえ、加藤氏が思うように動いたとはいえない。

「私はこうしたい」と、いいきれるコミッショナーになってほしいと願う。寄らば大樹の陰ではないが、この問題に関する限り、実力者の代弁者的な印象を残してしまった。これからの言動で名誉回復を図ってもらいたい。

根來氏から加藤氏へ、その職が受け継がれるとともに、プロ野球も新しい組織に生まれ変わるための環境作りがはじまった。その第一が野球協約の改定であり、新協約によってコミッショナーも従来より動きやすくはなった。あとは、何をどう改革していくかの具体策だ。

前述したように『有識者会議』の設置が協約第五章の三で定められた。「野球に関する基本的な問題について審議し、意見をコミッショナーに提出する。コミッショナーは、その意見を実行委員会又はオーナー会議の審議の参考に供する」としている。

実は根來前コミッショナーの発案で05年3月に『プロ野球有識者懇談会』が発足している。企業経営者、学者、弁護士など9人でスタートして、プロ野球界からは張本勲氏だけがメンバー入りしている。座長は前の岐阜県知事の梶原拓氏である。どういう基準で選ばれたかはわからないが、目的は今回の『有識者会議』と同じだろう。コミッショナーの私的諮問委員会が、今度は協約上認められた正式な組織となった。『懇談会』はコミッショナーの権限強化やセ・パ両リーグ会長職の廃止、第三者による諮問会議の設置など、その後の協約改定につながる答申をしている。加藤コミッショナーのもとで、有識者会議がどんなメンバーでどんな答申をするかに注目しているが、公的組織となったことで、もう少し活動内容をファンに知らせてもいいのではないか。こういったらなんだが、懇談会にはやや問題のある人物が加わっていたと思う。今度は品格と透明性のあるメンバーを選んでいただきたいものだ。

私が加藤氏に望むのは、強いコミッショナーになってほしいということだ。協約改定による権限強化で、環境は整いつつあると思う。メジャー・リーグでは、問題があれば、たとえオーナーだろうとコミッショナーが職務停止などの処分を平気で下す。

例えばだが、田澤問題のときの巨人・滝鼻オーナーの、

「東海岸の某球団が取ろうとしているらしいけれど、そんなことしたら〝国交断絶〟だな。紳士協定なんて破るためにあるといってくると思うけど、そうなったら日本人メジャー・リーガーはみんな引き揚げだな。WBCだって協力しているっていうのに。なめられたらいかん」

という発言には、警告を出すべきではないだろうか。

コミッショナーの信念といえば、史上初のサスペンデッドゲームになった08年のワールドシリーズ第5戦を思い出す。雨中戦となり、5回裏を終えて2－1とホームのフィリーズがリード。ルールでいえば、コールドゲームでフィリーズ優勝となったかもしれない。しかしAP通信によれば、バド・セリグ・コミッショナーは試合前、予想される悪天候に両軍関係者、審判員を集め「雨によるコールドゲームにはさせない。そのようなワールドシリーズの幕切れはふさわしくない」と話したそうだ。

5回終了時点で中断していたら、野球規則を曲げた形になった。ところが、6回表にレイズが同点に追いついたことで、サスペンデッドルール（野球規則4・12）が適用できることになり、翌日に6回裏から再開されることになった。コミッショナーの強い意志が審判団に6回表まで試合を引っ張らせる形になったと思う。そういうコミッショナーの意志を受けて、年明けのオーナー会議で、ポストシーズンゲームでは、5回裏終了を基準とした降雨コールドゲーム成立の規則を適用しないことが決まったという。つまり、どのイニングで中断してもサスペンデッドゲームとして再開することになった。

これまで、日本球界のオーナーにとって、自分たちに従ってくれるのが最高のコミッショナーだった。だから、本章の冒頭に書いた下田氏の評価は真っ二つに割れた。加藤氏には勇気をもって信念を貫いてもらいたいし、「私がプロ野球界の責任者です」と毅然《きぜん》としている人物でありたい。オーナー諸氏については、コミッショナーに任せる姿勢を忘れないでもらいたいものである。その上で今後は、『行政官』としてのコミッショナー主導で球界が動くことが望ましいと思う。

組織のトップに立つ人にとって、言葉はとても大切なものだと思う。これまで、コミッショナーの発言が一般の人に届くことは非常に少なかった。あったとすれば、球界に大きな事件が起きたときである。私はコミッショナーが定期的に発言する機会を作ることが大切だと感じている。何か問題が起き、それが、コミッショナーの職域に少しでもかかわってくる場合、必ず、会見をやるべきだろう。

また、毎週1回、定例会見を行い、自分たちから発信していくことも必要だ。CS放送を使って「今、コミッショナーが考えていること」を、電波に乗せてできるだけ多くの人に知ってもらう。よく地域放送（UHFなど）で、自治体の知事の定例会見などを流しているが、あれでいいと思う。記者とのナマのやりとりのなかで、いろいろなものが見えてくる。「あれをいっちゃ、まずい」とか「あのことは聞かれたくない」とかマイナス部分をとらえるのではなく、プロ野球界の顔として、大いに広報役を務めるべきではないだろうか。球界の動きは、一般の人たちにはわかりにくいし、不透明なことが多すぎる。だから、こういった形で情報を流していくことが、問題解消の一つの手立てになるのではと思う。インターネットによる動画配信も考えられる。

コミッショナー就任直後に、私が契約しているスポーツ新聞の仕事でインタビューをしたが、その際に、夢プランとして『日本球団同士の開幕戦を米国で行う』ことを挙げていた。日本でのMLB開幕戦の逆パターンである。コミッショナー就任直後、加藤氏は野球好きのジョージ・ウォーカー・ブッシュ大統領（当時）の招待で夕食会に出席。ワシントン・ナショナルズのセオドア・ラーナー・オーナーから「桜の季節に、日本のチームにワシントンにきてもらえないか」との提案を受けたことがある。加えて、米球界との真剣勝負の機会を作りたい考えがあった。今すぐに実現できることではないが、外交官として、米国、米球界を独自の視点からながめられる加藤氏ならではの発想だろう。もし、交流戦やリアルワールドシリーズ（ＭＬＢのナンバーワン・チームと日本シリーズ優勝チームが戦う）が実現して、真剣勝負の場が提供されれば、日本人選手の米国流出問題に一定の歯止めがかかるのではないか、との思惑があると想像する。

現在、加藤氏が置かれている状況は厳しい。いってみれば、何年も最下位にいるチームの監督を引き受けたようなものだ。何かを変えるために、有能なブレーンを置くのも結構である。今回の協約改定で「適正な運営に資するため、若干名の顧問及び補佐を置くことができる」（第八条の⑸）の条文が追加されたことで、人材登用がやりやすくなった。顧問には実績があり、人格に優れた人を置いたらどうか。

野球界だったら川上哲治さんはどうだろう。他の世界から呼ぶのも結構だと思う。補佐は、専門の知識があり、実務ができる人間ということになる。野球界とは直接関係のない分野の人でもいい。だが、新聞記者は遠慮した方がいいのではないか。理想としては喜々として仕事に取り組み、世間の目線を持ち続ける集団でありたい。

プロ野球界はその世間一般からかけ離れたところがある。金銭的なことはとくにそうだ。もちろん、プロ野球選手というのは、普通の人がもち得ない技術・身体能力を備えており、相応の年俸を得てもいいと思う。

だが、あまりに庶民感覚から離れたような金銭感覚を持った選手がいると「オイ、大丈夫か」といいたくなる。契約更改交渉で数千万円アップにも不満をもらすような発言にはやるせなささえ覚える。プロ野球に携わるすべての人々は、自分たちのいるこの世界が大衆に支えられていることを忘れてはならない。まだ5年も経っていないが、あの球界再編騒動のとき、高年俸が経営を圧迫しているとの指摘に「我々も痛みを伴う覚悟がある。できることはやっていきたい」（古田敦也選手会長）と、年俸カットで血を流す覚悟だとの発言が選手会からなされたが、以降どうなったのか。

経営者側だけでなく、選手側も前代未聞のストライキまで打ったあの季節を忘れてはいけない。球界の牽引役として、加藤コミッショナーは、プロ野球がファンに何を届けることができるかを最重要課題としてとらえてほしい。

そのための人材登用はどんどんやるべきだろう。

第九章

# 私の球界改革プラン

## 私的フロント論

日本のプロ野球チームに最も足りないもの、それは優秀なフロントである。

かねてからの持論であるが、私はGM制を日本にも導入すべきだと思う。GMは日本流に解釈すると『編成最高責任者』となる。現実の役職に当てはめると、代表&編成担当あたりになるか。GM制の先輩・米国では、編成部門について、すべての権限と責任を与えている。個人の判断で使える一定の予算も用意されてある。もちろん失敗すれば解雇である。日本では、そこまでの権限が与えられていない。上には球団社長、そしてオーナーがいて、結局はおうかがいを立てなければ、こちらの意志は通らないというのが現実だろう。

監督経験者からいわせると、GMが編成権を握りチームを作る、与えられた戦力で監督が戦うというのが、職域は明確でわかりやすい。ところが、現実はそうはいかないのだ。ドラフト交渉に残留説得の役割まで、監督に回ってくる。読者のみなさんもご存じのように、ドラフト会議には12球団の全監督が出席している。そしてテレビのインタビューなどに答えている。しかし、監督にはリストアップした選手の簡単な資料が渡されるだけで、個々の能力や将来性などは、皆目わからないのだ。

西武監督時代、当時の根本管理部長によく「私がドラフト会議に出てもしょうがない。これは球団フロントの仕事であるし、1年間選手を追い続けたスカウトたちの晴れ舞台ではないか」といい続けていた。結局『お飾り』として会議には出席したが、くじ引きは根本管理部長はじめフロントに任せた。これは監督の仕事ではない。

戦力補強については、監督の立場から要望は出した。1シーズンを戦ってみて、戦力的に不足しているところ、将来の体制作りのために必要な戦力を補強してもらえるよう話し合う。あとは、編成担当者や代表がどう受け止めてくれるか。監督の要望を聞いた上で、オーナー、親会社等にそれを提出してOKをとり、実現してくれるかだ。残念なことに、球団フロントに、野球そして自分のチームを多角的に見られる人があまりに少ないのである。「いいチームを作ろう」と思い、上から叱られ、小言をいわれても、信念をもって戦える人物がいてほしい。理想のチーム作りに情熱の炎を燃やしながら、経営者を説得できるフロントが望まれる。

米国では、施策で失敗すれば、GMは責任を取らされクビになる。結果がすべてである。かつてドジャースのGMが自分の一存で使えるお金が20億円ぐらいある、と聞いたことがある。それだけの権限を与えられているから積極的にトレードにも動いている。日本ではそうはいかない。トレード交渉のきっかけは監督同士だと早い。お互い選手のことはわかっているから「この選手とこの選手でいこう」と短時間で決まることも多い。

そこからは球団間での交渉に入るのだが、なかなか進まない。理由を聞くと、当時の責任者が「オーナーがダメと仰っているから」と私に説明した。あるとき、堤オーナーに会って「オーナーはトレードがお嫌いですか」と尋ねた。一瞬怪訝《けげん》な顔をしながら「そんなことはないよ」と答えた。実際にあった話だが、要するに、その責任者がトレードをやりたくなかったのだ。移籍した選手がもし大活躍をしたり、獲得した選手が振るわなかったりしたとき、自分が責められて困るからだ。

1987年オフ、小野和幸投手と中日・平野謙外野手のトレードをまとめた。星野監督との話し合いで合意、あとは根本管理部長に任せて実現したのだが、このとき堤オーナーは「なぜ小野を出すんだ」と怒った。翌年、小野が18勝で最多勝を獲得、中日の優勝に貢献。平野も3割をマークして不動の二番打者に定着、西武も3連覇を達成した。どちらも新天地で見事な結果を残したわけで、堤オーナーも「あれ（トレード）は良かった」と評価した。

そんなものだ。巨人の藤田元司監督との間で、鹿取義隆投手と西岡良洋外野手のトレードを成立させたのも同様の成果だった。

### 日本的GM作りの重要性

日本の球界は、監督（フィールドマネジャー）が率いる現場と、代表、GMらのフロントとの職域をもう少し明確にしなければならない。トレードにしても、いいものができるかどうかはGMの手腕にかかる。

例えば、実績のあるベテランを出して、将来性のある若手二人を取ったとする。その若手が活躍して、戦力となればそのトレードは成功といえる。GMは選手個々の適性、能力、将来性を把握して、チームの現状と中長期のビジョンを持ち合わせないと良いトレードはできないし、それだけ重責を担うポストでもある。それだけにやりがいがあるだろうし、日本球団には是非とも必要だと、強調しておく。

ＧＭが必要だ、ということが理解されても「日本にはＧＭをこなせる人がいるんですか」という質問をよく受ける。

最近のメジャー・リーグでは、アイビー・リーグ出身の若きエリートたちがＧＭの職を得ているが、日本では難しい。『日本的』なＧＭ作りをすればいいのではないか。あくまで私の考えるＧＭ像だが、まずプロ野球の現場を知っていて、監督、コーチ、経験者がなお良いし、幅広い物の見方ができる人格的にも優れた人物というのが全般像だ。もちろん野球への愛情、理解度が深いことはいうまでもない。

私はやはり現場上がりの人物がいいと思う。フロント自体に〝プロ〟がいないなかで、もっともプロフェッショナリズムが要求される部門には、それにふさわしいプロが必要とされるだろう。そういう人物を探していきたいものである。

これは私の印象だが、日本の球団フロントのなかには、現場上がりの人間に対して「何ができるんだ」と、やや見下す傾向がある。しかし、過去には、三原脩さんが日本ハムの球団社長になり、広岡達朗さんがロッテのＧＭを務めたこともある。現役でもオリックス・中村勝広取締役球団本部長がいる。さらに広がっていくことになればいい。ただし、権限の問題がある。先ほども書いたが、例えばトレードを球団フロント独自で決めて、オーナーに事後承諾を取れるか、ということである。

日本球界の場合、最高議決機関はオーナー会議である。実行委員会や代表者会議など、各球団の代表クラスの会議でも重要な問題となると、それぞれが持ち帰ってオーナーの判断を仰ぐことになる。会議では建設的でいいことをいう人でも結局、宮仕えの身で、オーナーの了解という壁がある。球団代表、社長は親会社から出向するケースがほとんどだから、どうしても「上司」であるオーナーに意見できる人が少ないのではと思う。

やはり、本来は独立した企業であるべきなのだから、本社とは一線を画した、いわばしがらみのない人物に任せたい。フロントについても、そういう球団の幹になる部分がどっしりしていないと、実は育ってはいかない。

私の経験でいうと、昔の方が、オーナーは球団にさほど口を挟まなかったように思う。私が知っている巨人の正力松太郎、高橋雄豺《ゆうさい》、務台光雄《むたいみつお》各氏はそうだった。品川主計《かずえ》さんという球団社長は口は出すし、現場とも喧嘩したようだったが、野球に情熱を傾けていた。今のフロントや監督諸氏はどんな思いをしているのだろうか。

## 坂井・根本・森の最強トライアングル

私たちも含め一般のファンから見てもわかりにくいのが、球団幹部たちの役職名である。球団社長がいて、代表がいる。その下に編成部長をはじめ各部署の部長がいるというのがオーソドックスなものだろう。

代表＋編成部長＝メジャーのGMといった感じだろうか。この代表というのがわかりにくい。球団の各部門を統括する責任者であり、対外的にもチームの代表者となる。職域は広くなるので、球団によっては球団内部の業務担当と対外的な連盟担当に分けている場合もある。

日本では、フロントと現場の責任分担が明確化されていないことが多々ある。監督自身もそれを理解しないといけない。両者の仕事にははっきりとした違いがあるのだ。監督は、フィールドマネジャーとしての職務をまっとうすることが第一義である。

メジャーの監督の場合、シーズンが終わると、みな故郷（自宅）へ帰ってしまう。チーム運営にかかわる重要なことで、監督業務にリンクすることがあれば、フロントと電話で連絡を取り合うのが常識だ。ところが、日本ではシーズンオフになってもいろいろな所に引っ張り出されてしまう。だからといって、責任はさほど持たされていないのである。時として、人寄せパンダにならなければいけないこともある。

幸い私の場合、第一章で触れたように、根本、坂井両氏がフロントにいたときは煩わしさを感じることがなく、監督本来の業務に邁進《まいしん》できた。それは、お互いの職域・職権の区分けがはっきりとできていたからだ。加えて三人がうまく機能した。

例えば、根本管理部長と私が戦力分析や補強について話し合う。当然、意見の食い違いなどが起きると、坂井代表が間に入ってショックアブソーバ的な役割を務めてくれてスムーズに話が進むといった具合である。

当時のチームの編成面はすべてＧＭ（根本氏）が決断していた。そのためには現場との意思疎通が図られていなければいけない。シーズン中は、常にコンタクトがとれているのが理想だ。メジャーのＧＭは、必ずチームに帯同して、自チームの戦力チェックをする。現場とフロントはクルマとドライバーの関係のようなもの。両者が連携してこそ、機能する。そのためには相互を理解しないといけない。

坂井・根本・森のトライアングルはなかなかいい響きをもっていた。このフロント首脳の二人は、私が試合で采配ミスをしても「あのときピッチャーを代えた方が……」とか「なんであの手を使ったのか」と、決して口を挟むことはなかった。現場には思い通りやらせる。しかし失敗すれば責任をとらせる、というスタンスが明確だった。

他球団のようにオーナーが口出しをすることもなかった。というより、たとえあったとしても、私には届かないようにしていたと思う。これほど監督としてやりやすいフロントはいない。

## パブリック・リレーションの充実

現場とスムーズな意思疎通ができて、チームを支えるのがフロントの役目。日本の球団は、まだまだ変えていかねばならない点がある。スリム化も必要だが、充実を図らないといけない部門もある。メジャーの試合を取材していつも思うのだが、プレスリリースの豊富さには驚かされる。

これは球団のパブリック・リレーション――日本では広報担当と呼ばれる部署――の仕事だが、試合前に配られる資料のなんと詳しいことか。同一カードで1試合終えると、その分のデータが翌日には付け加えられている。チケットの手配、インタビューの段取り、メディアガイドの製作なども彼ら、彼女らの職域だが、メディアへの対応もきちんとしている。メディアの向こうには無数のファンの存在があるという認識なのだろう。メディアを通してのサービスにも十分心配りがある。メディア側もそれに応える。ここにも共存共栄の思想が息づいている。

米国では、基本的に「取材をしてもらう」というスタンスだ。とくにプロスポーツではメディアの取材を受けさせる義務を負わせているところもある。しかし、日本ではまだ「取材をさせる」という姿勢である。広報活動にしても、かつての「知らせない」広報から、大分変わってきたようだが、まだまだ足りない部分もあるのではないか。メジャー・リーグがすべていい、などとはいわないが、例えば広報システムにしたって、どこかの球団が専門の部署を作った『ファンサービス』のあり方にしても、学ぶ点は多いのではないか。メジャー・リーグ球団との人事交流などで、実現できると思うのだが……。

今、日米の人事交流と書いたが、日本の球団は、MLBをはじめ、韓国、中国のプロ球団と業務提携や友好協定を結んでいる。そういうものが果たして生かされているのか。メジャー球団との業務提携は何を目的にしているのだろう。あくまで私の印象だけれど、外国人選手に関する情報や獲得への協力といったところが主だろうか。もっと球団の経営やフロント業務に生かされていいのではないか。各球団とも、これまでに留学や人事交流（といってもほとんどが、日本↓米国の一方通行だろうが）を実施してきたが、そういう人材がそれぞれの球団で大きな役割を果たしているのか、私は知りたい。

例えばフロント強化のために、メジャーの球団に勉強に行かせてもいいのではないか。全体としては繁栄を謳歌《おうか》しているメジャー・リーグだが、08年からはじまった大不況にどう対処するのか、ナマで見てくることは大いに参考になると思う。日本球界にプラスになるものは取り入れればいい。何が自分たちにとってヒントになるか、という視点があればいい。

ただ勉強にいって知識を得たとしても、それを自分の所属する組織に生かせていないことが多い。ある球団のフロント幹部候補生が、業務提携を結んだ球団へ留学し、その後球団の経営責任者となったのだが、周囲からは「業務提携で得たものを個人のものにしてしまい、球団には生かされていない」などといわれてしまっている。これではなんのための業務提携かわからない。

もし『フロント力』という言葉があるとしたら、メジャーの球団でとくに感じるのがオールスターゲームの違いだ。毎年、MLBのオールスターゲームを見ているが、いつもセレモニーには感激させられる。理屈からいうと30年に一度しか回ってこないが、1年以上をかけて準備するのは、開催球場を本拠地とする球団のフロントの仕事である。簡素だが手作りで地元を意識させられる構成になっていて、とても感動的だ。

日本は大手広告代理店によるものらしい。球宴はお祭りではあるが、オチャラケすぎだと思う。球団主体の球宴セレモニーがいつか見たい。そのためには、日本の球団も『フロント力』を養成しないといけない。

## ファーム運営の抜本的見直し

08年の日本プロ野球で印象的だった出来事の一つに、巨人・山口鉄也投手の新人王受賞がある。ご存知のように、山口は06年、初の育成ドラフトで入団。3年目に一軍で11勝を挙げた。山口は高校卒業後に米国のルーキー・リーグで3年間プレー。帰国後、2球団の入団テストに不合格となったが、巨人のテストを経て、新制度発足の年にプロ入りした。こういう選手の出現は、ファームの底上げや、選手育成の多様化をうながすものとして大いに歓迎したい。

しかし、一方で、相変わらずの問題も抱えている。ファームの充実は、昔から叫ばれている日本プロ野球の課題である。現在の二軍戦を見に行けば、如実にわかる。なにせ、まともなチーム編成になっていないことがあるからだ。故障者が出て野手不足になり、投手が内野やら外野を守っていることが珍しくない。元凶は70人の支配下選手枠である。ファームの公式戦に出場できる育成選手枠（1試合五人まで）ができたとはいえ、層の薄さは歴然だ。私の持論としては支配下選手を撤廃して、選手を自由に保有すべきだと思うが、「育成枠も必要ない。人数を抑えないと試合に出る機会を与えられないし、経営面からも得策ではない」という声もある。

だが、現状では競争の原理が働かなくなっており、チームの底上げもできているとはいい難い。多くは経営面からの反対であることは想像できる。現状でさえ赤字なのに、今以上にコストをかけたくないというのが経営者たちのいい分だと思う。だが同時に、ファームの充実が、チームの戦力を確実に上げることも認めている。それならば、ファームの運営方法を少しずつ見直していけばいい。

一つは、育成選手の拡大である。06年からはじまった育成制度は、当初4球団6選手だった。それが3年間で計10球団述べ90選手を超えたが、一方で20数人が退団している。しかし、そのなかで、先の山口だけでなくバルディリス（阪神）らも一軍で活躍した。最低年俸240万円という経営者にとっては魅力の低コストもあって、08年の育成ドラフトでは過去最多の26人が指名された。

## 若手選手にポストシーズンはない

彼らを含めたファーム選手数が拡大することはいいが、課題は試合をどう拡充していくかである。08年のイースタン・リーグは96試合（09年は108試合に増加）、ウエスタン・リーグは88試合（同96試合）と、一軍の144試合に比べると、実戦を積ませる目的からすれば、やはり少なすぎる。

両リーグの交流戦も08年の場合、5球団参加の8試合とわずかだ。イースタンの場合、7球団で常に1チームは試合がない。それを埋めるために、育成選手を主体とした各球団の連合軍『フューチャーズ』を結成して、試合のない球団と試合を組んでいた（チャレンジマッチ）。育成枠を拡大することで、将来の三軍構想につながればいいのだが、球団によって取り組み方の違いがある。ロッテは08年の育成ドラフトで12球団最多の8人を指名。育成選手は合計14人になった。彼らをどう成長させていくのか、従来のイースタン・リーグの枠組みでは十分な試合経験を積ませることができない。

そう考えていたら、東京の知人からメールがきた。それによると、ロッテと巨人がファーム限定の混成チームを作るのだという。「どうやらイースタンの日程の空き日を利用して、今年（09年）は社会人チームと25試合程度実施したいと考えているらしい。社会人側と調整ができれば、実現するでしょう」とのことだった。

今や、育成選手を含めたファームは、イースタン・リーグを軸にして、社会人、独立リーグと積極的に交流している。09年には倍増するというチャレンジマッチをはじめとして、対外試合を拡充することも大事だし、オフもどしどし試合をやるべきだろう。近年、10月から11月にかけてフェニックス・リーグ（秋季教育リーグ／宮崎）が行われているが、あまりに期間が短かすぎる。ウインター・リーグとして、何チームかの混成チームを作ってオフの間も徹底的に実戦を積んだらどうだろうか。

だが、そうすると「ポストシーズンを守ることが協約（173条）で定められている。協約を破るのか」と反対論が起こるに違いない。

私は思う。プレーヤーにとって、本当に鍛え上げられる時期は限られている。ファームの選手にポストシーズンは適用されなくていいと思う。ちなみに173条には「ただし、コミッショナーが特に許可した場合はこの限りではない」と追記されてあるが、選手会あたりは強硬に反対するのだろう。「ポストシーズンを厳格に守れ」は選手会が発足したときの大きな要求項目だったことを思い出した。

しかし「二軍、若手選手には適用するな」といいたい。悪しき平等主義ではないか。

来たるシーズンに飛躍するには、ポストシーズンもないのでは。新たに協約見直しをしてもいい。

## 『二軍の補給部隊』としての機能アップ

育成システムや環境を整えていくのは大切だが、ファームにとってさらに重要なのは指導者であり、指導法だろう。「選手を育てろ」というわりには指導者を軽視しているところが、日本球界にはある。

ファームが『一軍戦力の補給部隊』として完全に機能しているとはいい難い背景には、そのあたりの事情があるのではと推測する。一軍と二軍の関係が一枚岩でないことが多いのだ。基本的にメジャーとマイナーでは、チームプレーなどチームの約束事についてはまったく同じである。30球団にはそれぞれチームマニュアルがあり、それに沿ってフォーメーションも練習方法も統一されている。だからメジャーへ昇格しても、マイナー行きになっても、同じオーガニゼーションであれば、どこへ行っても戸惑うことはない。

ところが、日本ではそうはいかない。ファームから上がってきた選手が一軍練習に加わった途端「お前は下で何をやってきたんだ」と首脳陣から怒声が飛ぶ。フォーメーションプレーの練習についていけなかった選手は「二軍では教えてもらいませんでした」と下を向く。こんな風景がしばしば見られた。

そういう弊害をなくすためにも、チームには統一されたマニュアルが必要だろう。たとえ監督が代わってもマニュアルは変わらない。私自身もドジャース、ミネソタ・ツインズのマニュアルを持っていたが、チームによって考え方の違いはあった。08年の公式戦で、マリナーズのイチローが内野を守ったり、レイズがワールドシリーズで見せた『五人内野シフト』というのもマニュアルには書かれてある。

もともとフォーメーションプレーという概念は日本にはなかった。61年、巨人がベロビーチキャンプで『ドジャース戦法』に接してはじめて取り入れたものだ。

以降、日本でも各球団がそれぞれの方法でフォーメーションプレーを作り上げ、積み重ねていった。体系的にそれをまとめ上げ、チームのマニュアルにまでもっていったチームがあるかは知らない。米国ではメジャーもマイナーもやっていることは同じ、という土壌があるが、日本では下から上がってきても〝一軍文化〟に慣れないといけない。それを埋める作業が必要になってくる。

## メジャーの情報源はファームディレクター

マニュアルの存在だけでなく、米国ではメジャー球団のGMたちが、マイナーの情報をきちんとつかんでいる。その情報源となっているのがファームディレクターと呼ばれる人たちとマイナーの監督である。ファームディレクターはマイナーチームを統括し、各チームの現状を把握しながらメジャーの要請にこたえるポジションである。

日本にあてはめるなら、一軍と二軍がスムーズに連携できるための役職というべきか。日本の球団のなかには一軍と二軍が競り合っているようなチームがある。しかし、二軍監督はファームで戦い、選手を育てながら一軍へ選手を供給するのが役目である。当然のごとく、一軍の状態を知っておかないといけない。だから、私は監督時代、西武球場で一軍がナイトゲームの試合をやるときは、試合を見にくるよう、常々、二軍首脳陣に話していた。

だが、その指示はあまり守られることはなかった。ファームの指導者に求められるもののレベルは高いし、責任も重い。いろいろなことに精通していて、あるときは教育者であり、あるときは心理カウンセラー、またあるときは父親にならないといけない。そういうファームの指導者を見守りながら、一軍への情報吸い上げのための分析報告を行うファームディレクターがいてもいいと思う。

常日頃思っていることだが、日本のファームの選手は待遇が良すぎると思う。年俸については、育成選手は最低保障が240万円だが、支配下選手だと440万円。合宿所は立派だし、契約金で買ったのだろうか、高級外国車がズラリと並んでいる。

米国のマイナー選手が、チームから離れる間はアルバイトで生計を立てることを考えたら天国だろう。これでは世間の厳しさはわからない。すべての人間にあてはまるのではないが、必死になれ、という方が無理なのかもしれない。ただし、ある環境におけば変化は起こることを私は経験から知っている。

西武の監督時代、若手をシーズン中に米国マイナー・リーグに派遣していた。彼らには月一度のレポートを義務づけたが、現地で経験したことは驚くことばかりだったようだ。「長時間バスに揺られ、ハンバーガーを食べながらの移動」「同僚の靴下に穴があいていた」「ボロボロになるまで手袋を使っていた」「自分たちはなんて甘い環境にいたのだろうか」「帰国してもハングリーな気持ちを忘れずにいたい」……など。本人たちにとっては、マイナーの生活はショックだったようだ。このレポートを読んで、いい経験をしたなと思った。マイナーと比べると日本は贅沢すぎる。もっとも、帰国してからは元に戻ってしまった。喉元すぎればなんとやらだが、それでも肌で競争社会を感じてくれたことは大きかったはず。

ファームで大事なのは、選手をどう成長させるかだ。野球選手としてだけではなく、人間的にも、だ。競争社会でさまざまな相手と戦うことで、身につくものがある。野球界以外の社会のあり方を教えないと、常識外れの人間になってしまう。例えばバット、グラブなどの用具である。今、多くの選手が新人のときからメーカーの提供を受けている。私の時代は購入していた。捕手用のミットは年二個、球団が買ってくれたが、ほかは自腹で、毎月の給料から天引きされていた。与えられていては、やはり物を大切にしなくなる。用具を大事にすることは、野球選手として基本である。

若い選手を育てるためには、前項で書いた通り、オフも野球漬けにすることである。そうお題目を唱える人は多いのだけれど、だれも実行しない。野球協約という壁があるなら、協約を改定すべき。5億5000万円と440万円のプレーヤーを同列に扱うのがおかしい。やはり一軍と二軍では格差があるべきだし、上へあがったら「もう戻りたくない」と思わせるような形にすべきだろう。考えてみれば昔のほうが格差があった。巨人時代、遠征の列車はレギュラークラスが特2(現在のグリーン車)で、それ以外は普通車だった。一軍のなかでも待遇に差をつけていたのだ。球界ではずいぶんと前からファームの充実が叫ばれているが、手をつけることはいくらでもある。

### 球団経営へひと言①――年俸――

日本プロ野球界の常識として、「ほとんどの球団は赤字経営である」とはよく知られている。収入をはるかに上回る支出のうち最大なのは、選手年俸などの人件費だ。ただし、日本の場合、球団は株式会社ではあるが、非上場であり、収支はほとんど公表されていない。日本人の選手年俸については、選手会が毎年明らかにしているが、正直いって「こんなに年俸を払っていいのか」と思うことがしばしばだ。

なぜなら、多くの球団が経営の苦しさを訴えているなかで、適正年俸というものがあるのではないかと思うからだ。シーズンオフになり、契約更改交渉の季節になると、その感を強くする。選手から漏《も》れるアップ率の低さへの不満。1000万円単位の話に、ため息をついてしまう。

通常の企業ではとても考えられない人件費率の高さだ。選手でもっている、といってしまえばそれまでだが、親会社から補填されるのが当たり前では、経営改善は遅々として進まない。加えて、選手たちがその経営状態を理解していないのではないか。最近の契約更改交渉を見ていると、選手の間では他球団のプレーヤーとの横のつながりが垣間見える。情報交換しながら、自分の年俸の交渉をしている。

ならば、球団同士でも、査定や年俸決定の実情について、お互いに情報のやりとりをしてもいいのではないか。自分の台所事情をライバルに教える必要などない、という考えもあるだろうが、ここでもう一度、『選手の契約のあり方を考える材料』となると思うのだが、どうだろう。

どれだけ高年俸を出そうと、球団の勝手には違いないのだが、目に余る点もある。貨幣価値の変動もあるとはいえ、最近では3年頑張ると1億円を超えてしまうことがある。投手の場合、大学・社会人出身で、1年目が1500万円だとすると、3年連続で2ケタ勝利すると、もう大台到達である。それが前例となるから、今後もどんどん生まれてくることが予想される。1億円プレーヤーといえば、かつて三冠王を三度も獲った落合博満選手が、9年目（1987年）にしてやっと日本ではじめて手にいれた称号だったが、20年以上経った今では、別に珍しい話ではなくなった。とくに名を記さないが「この選手にこれだけの価値があるの」と思わせるケースもある。世界中で金融危機が叫ばれているのに、野球界だけはバブルなのかな、と思わせる。

私はなんでもかんでも年俸を削れ、といっているのではない。経営規模に応じた人件費というものがあると思うのだ。独立採算ができれば理想だが、現状で実現は難しいから、収入増の道を開き、年俸の見直しをすることで、慢性赤字経営の状態を少しでも改善できるのではと考える。だがそうなると、「現状から年俸をカットしたら、日本球界に魅力がなくなり、メジャー流出がさらに加速するのでは」と反論が寄せられるだろう。

私はなにも全般をカットしろ、とはいっていない。支払うべき人には高額年俸を支払い、そうでない選手には適正な待遇をしろ、といっているのだ。現在はスーパースターと並の選手の差があまりないのだ。

差ができにくいのは、球団の査定で、その選手の価値をどう見るかにかかってくる。各球団ともフロントによる査定と現場による査定があり、現場査定は1ゲームごとにその選手のプレーを細かくチェックして、プラス、マイナス点を考課する。

だがこの査定というのがやっかいで、例えばある選手が現場査定ではマイナスだったのに、契約更改交渉ではプラスになっていたということもある。これは、フロントによる別の要素（例えば人気による貢献度など）が加わっての結果だ。その上、細かい査定結果が出ても、それを金額に換算する公式があるわけではない。査定する人間の感情も入るから、どんぶり勘定的な部分があるのだ。

年俸を押し上げている要素としてあるのが、やはりFAだ。移籍の自由を保証する制度ではあるが、一方でどの球団もが必要と思われる選手になると、当然のごとく条件面の争いになる。どうしても取りたい球団は、より長い年数、より高い年俸を提示して獲得しようとする。選手も人間である以上、いい条件で契約したいから、高年俸を選ぶ。

また、FAとからんでくるが、最近、日本でも長期契約が増えてきている。FAで入団したり残留したりした場合、次のFA権取得期間である4年を提示することが目立つ。私はこれには反対だ。長期契約による安心感があるのか、契約締結1年目などは、概して成績が良くない。もちろん、球団によっては、4年契約でも、金額は毎年交渉によって決まるとしているところもあるが、ほとんどは不変である。

新人との契約金も見直していいのではないか。野球協約で明確に規定されてはいないが(規定すると独禁法違反のおそれがあるらしい)、最高額は1億円というのが12球団の間での合意だという。しかし、以前は申し合わせ事項として「1億円程度とする」とのあいまいな表現で、上限を設定せず、実際は1億円以上の契約金を容認していた。だから、5億円超の契約金をもらったと告白した投手もいた。

球界はこれをどのように考えているのか興味があったが、あるとき、雑誌に載った巨人・清武代表の連載コラムに出くわした。ここに引用してみる。

「新人ドラフト改革にからんで、経営が苦しいという球団から『もっと下げるべきだ』という意見が出て、野球協約上、明確な規定のない契約金について、『そもそも法的に何なのか』『なぜ、球団は契約金を払うのか』という論議に発展した。結局、『契約金の上限は1億円。メジャー流出の恐れなどがある場合は実行委で協議する』ことになったが、肝心の法的性格を詰めることは何となく先送りになっている」（週刊ベースボール08年2月4日号「野球は幸せか！」から）

球団代表たちも同じことを考えていたのだなあと思った。なぜ、契約金を払うのかと問われたら、昔から「退職金の前払い的性格」とか、FA制度ができてからは「最低10年（当初）は球団に拘束される代償」的な答えを出していた。しかし、後者にしても、今や7年までに短縮しているわけだから、契約金が減額されてもいい、という理屈は成り立つだろう。また、同コラムで気になったのだが「メジャー流出の恐れなどがある場合は、実行委で協議する」という部分。まさに9カ月後には田澤騒動が起きたのだが、アマから直接メジャーへ挑戦することを予期していたのだろうか。

結局、全球団がドラフト指名をしなかったので、田澤のレッドソックス入りが決まったのだが、もし指名したら、メジャーの条件を上回る契約金が、実行委員会の承認を得て提示されたのだろうか。

新人の契約といえば、上位選手の契約金のあとに付帯している『出来高最高5000万円』の項目にはいつも頭をひねっている。新人選手の出来高とはどんなものなのだろうか。どうも球団ごとに違うようで、1年間に限らないとも断片的に聞いている。条件は緩やからしく、5000万円が支払われるようになっているのではと思っている。先のように契約金の上限が1億円だから、そんな形で第2契約金として支払っているのか、などと邪推している。でも新人が出来高の条件をクリアした、という報道はこちらには伝わってこないので、どうもわからない、が本当のところだ。

### 球団経営へひと言②——放映権料——

先ほども触れたが、球団が赤字経営を少しでも改善したいなら、一方で収入増の道を開くべきである。現在、球団の主な収入源は入場料、放映権、広告・グッズ売り上げの三本柱だろう。日本では、どの球団も入場料収入が全体の大半を占めるといわれている。放映権料については、最大の売り上げを記録している（推定200～240億円）巨人が、その4分の1を放映権から得ているといわれているが、これは例外だ。かつては1試合1億円以上だった巨人戦の地上波放映権料を得ていたセ・リーグ5球団は、確実に10億円以上の放映権収入があった。しかし、巨人戦の視聴率落ち込みで放映権料も下がり、放送回数も減少した。パ・リーグは、といえば、地上波による全国放送が少なく、放映権収入は平均10億円に満たないといわれる。現在は、CS放送が主体となっているが、大きな収入増とはなっていないようだ。

放映権について、メジャー・リーグは、日本とは比べものにならない。読者の方のほうが詳しいかもしれないが、少し整理をしておく。MLBでは全国放送契約のみ管轄しており、現在は2013年までの7年、総額30億ドルの契約をFOX、TBSと交わしている。各球団はその利益を配分されるとともに、個別でローカル・スポーツチャンネルや地方局と地域放送の契約を結び、放送料収入を得ている。

この個別収入は球団で天と地ほどの差がある。天の筆頭はヤンキースで、地域ケーブル局『YES』から7000万ドル以上を得たといわれる。しかも『YES』はヤンキースが設立したテレビ局であり、放映権料とは比較にならないほどの利益をオーナーサイドにもたらしているという。一説には1億5000万ドルとも推定されている。この不況でも安定した収入源を確保していることが、大型補強の背景にある。

また、09年1月1日から、MLB自らが創設したメジャー・リーグ専門のケーブルTV『MLBネットワーク』が全米向けに放送を開始した。最初の放送はセリグ・コミッショナーの挨拶だったそうだ(というのは、私は見ていないので)。すでにNBA、NFLなどが数年前からリーグ自前の専門チャンネルをスタートさせているが、今度はMLBというわけだ。予定視聴世帯数は約5000万。24時間MLB関連の映像を流し続けるという。数年後には黒字に転化するとの見通しだが、現在の経済情勢では、甘い見通しといわれるかもしれない。それでも新規ビジネスにチャレンジするのは、新たな収入源となる自前メディアがほしい、という切なる願いからなのか。

日本は参考にできないが、全体の繁栄を考えると、全国放送についてはコミッショナーの一括契約が理想だと思う。09年、日本テレビの巨人戦放送が26試合までに激減した。地上波の放送が衰退していくなら、CS放送も加えていけばいい。現状では間違いなく巨人および読売新聞、日本テレビの猛反対にあうだろう。そこはコミッショナーの出番になる。共存共栄の精神で各球団を説得して実施したいところではある。もし、ダメなら、セ・リーグ5球団を説得して、11球団とテレビ局が契約を成立させるよう働きかけられないか。ここらで巨人一極集中を脱する決断がないといけない。

こちらでスポーツ中継を見ていると、試合開始から最後まで放送するのが当然となっている。NFLでもNBAでも、もちろんMLBでも同様である。契約でそれが取り決められているからだ。以前、ワールドシリーズ取材で、ブレーブスのターナー・フィールドの記者席にいたときのこと。試合開始予定の時刻になっても、プレーボールがかからない。中継を担当するテレビ局で、その直前に放送しているNFLのカードが、延長に入ったためとわかった。

この場合、MLBの開始を遅らせることが、契約条項のなかに想定外の出来事を含めて明記されてあるという。観客もその説明に納得して、騒ぐ人は誰もいなかった。08年のプレーオフは前記のFOXとTBSの組み合わせで中継されたのだが、1日最大3試合の開始時刻をうまくズラしながら中継していた。ファンを十分に意識した放送スタイルだと思う。

日本ではどうか、といえば、日本シリーズ、オールスターを除けば、地上波での中継は試合途中からはじまり、試合途中で終わることが多い。野球ファンは最初から見たいのである。知り合いのテレビ局員に聞くと、今の時代、3時間も野球中継を続けられないといっていた。視聴率の高い番組があれば、それを優先するし、たとえ延長しても、時間帯で異なる広告料の問題も出てくるという。それも巨人戦の視聴率が10パーセント前後と低迷しているからだろう。野球が好きなファンはフルで中継してくれるCS放送にシフトしていくのが自然な流れのように思えるのだが、どうだろう。

## おかしな日本球界

ここからは球界OBのグチと思って読んでもらいたい。この3月、WBCが日本、アメリカ、メキシコ、カナダなどで開かれる。この本が出るころには大会が開幕しているだろう。オフの自主トレを伝える記事をチェックしていると、よく出てくるのが

『WBCのボールに慣れる』というフレーズである。曰く「日本の公式球より大きく、縫い目がより高く、滑りやすい」ために、1月の段階から練習で使い続けるというのだ。

WBC球というのは、MLBの使用球のことである。

国内でもボールの違いが、いつも話題になる。何せ使用球が球団ごとにバラバラなのだ。だいたい「飛ぶボール」「飛ばないボール」があるなんておかしくないか。これを私の立場で訴えたのだが、連盟はなんにもしてくれなかった。西武の監督時代、ある球団との試合で3連戦すべてで違うメーカーのボールが使われたことがある。先発投手との相性で使用球を変えていたという。

もちろん、アグリーメントで各球団の使用球は規定されており違反ではないが、何かフェアではない感じがしたものだ。現在、MLBではローリングス社製のものだけを使っている。やはり同一の条件下でやりたいと思うのが自然ではないか。しかしながら、これを日本で実行しようとすると、すぐさま反対の声が上がる。「1社に限定したら、他のメーカーがつぶれる」「これまでの取り引きがあるから無理」といった具合で、野球が良くなればという話にはならないのだ。横浜の監督になってわかったことだが、ホームとビジターのユニフォームのメーカーも違うのだ。

「統一したらどうか」と球団にいったら、「ともに世話になっているので」と断られた。ボールに関していえば、国際化という要素も鑑《かんが》みて、より国際球に近いサイズと重さで統一してはいかがか。その上で、何社かが1年交代で供給役を務められないものだろうか。日米野球などで、よく日米のボールを攻守で替えていたが、野球ルールでボールの大きさに幅があるために起こることとはいえ、釈然としない。

これもまた現場にいたときからの不満なのだが、日本の場合、日程に歪みがある。例えば、関東から九州へ移動して関西には寄らず帰京したり、関西へ連続で遠征したり、札幌から福岡が当日移動で、東京↓大阪が移動日ありといった具合にだ。

また交流戦をまとめてしまう日程のため、妙に試合間隔が空いたと思ったら、急に連戦続きになってしまうこともある。交流戦については散りばめてもいいのかな、と思うし、効率的な日程作りができないものだろうか。MLBでは3地区制でしかも、はるかに長い距離を移動しながら戦うし、日程作りには専門家の知恵があると思う。

参考にできるなら、日本の作業担当者はそのノウハウを吸収しに渡米してもいいんじゃないか。メジャーの場合は雨天中止になると、多くの場合はダブルヘッダーで試合をこなす。深夜移動など当たり前だし、選手は移動については文句をいわない（移動はチャーター便が原則）。

07年の日本のオールスターは、第1戦のナイトゲームを東京ドームで行い、翌日、仙台で2戦目をデーゲームで実施した。選手、関係者は第1戦終了後、チャーターした新幹線で仙台入りしたという。JR東日本が、普段は走らせない時間帯に列車を運行させたということだ。

騒音問題さえクリアすれば、民間会社であるJRとタイアップして、ペナントレース中も夜間の移動方法を見直せるのではないか。知恵を使うことで、小さな改革は実現できる。

**提案したい『シーザー・リーグ』**

毎年、シーズンが終わると、優勝できなかった球団はキャンプ地（春のキャンプとは違う球団もあるが）へ出掛けていく。いわゆる秋季キャンプというやつである。この時期、わざわざキャンプ地に出掛ける必要はない。一時期に比べ、地元で練習する球団が増えた（財政的な問題だろう）が、そのお金を使い、ウインター・リーグ的なものを実施したほうがいい。将来の一軍を目指す選手を各球団から集めて、数チームを作り、オフの12月から1月にかけて、沖縄あたりで徹底的に鍛えることを勧める。実現のためには協約改定が必要だが。

沖縄といえば、巨人が11年から春の第二次キャンプを那覇・奥武山球場で行うという。実現すれば、12球団中10球団が沖縄でキャンプを行う。そこで提案だが、3月のオープン戦は、中旬ごろまで沖縄で続けたらどうか。日本の球団は「キャンプ費用を少しでも捻出させるため」という理由で、あちこちでオープン戦を行う。とくに巨人は、昔ほどではないにしろ遠征が多い。3月、雪まじりで寒さを感じる時期に北関東で試合をやるのは選手のコンディション調整、チーム作りからいってもマイナス材料になりかねない。

親会社の意向と「普段、野球を見られないファンに試合を見せる」という大義名分だろうが、オープン戦ならば、シーズン後の秋のオープン戦ではダメなのだろうか。キャンプからオープン戦にかけてチームが固まってくる時期に、メジャーのカクタス（アリゾナ）、グレープフルーツ（フロリダ）・リーグに倣《なら》って『シーサー・リーグ』は一考の余地あり、と思うのだが。

### 独立リーグとの連携

05年に四国で産声を上げた独立リーグは徐々に裾野を広げている。四国独立リーグは08年に九州（福岡、長崎）と合併しアイランドリーグ（IL）を結成。10年からは岡山、宮崎も加わってチーム数が8球団に拡大されるそうだ。一方、北信越BCリーグも07年に北関東を加え名称をBCリーグに変更した。

09年の4月には日本で3番目となる関西独立リーグがスタートする。神戸9クルーズがドラフトで初の女子選手を獲得して話題を集めたことは記憶に新しい。大阪、神戸、明石、和歌山の4球団でスタートを切り、10年に三重、滋賀が、11年には京都、愛知、奈良、岐阜、静岡、そして大阪にもう一球団が参入の見込みで12球団に拡大する構想だという。また11年には東京、神奈川、埼玉、千葉で構成される東京独立リーグ設立の予定もあるそうだ。

独立リーグはプロではあるが、NPBとは別組織であり、NPBにドラフトで人材を送り込む役割も果たしている。先発組の四国・九州ILもBCリーグも赤字経営が続いているが、参入する球団もまた増えている。それはなぜなのか、と考えたとき、既存のプロであるNPBの努力不足の結果といえないだろうか。現実問題として、日本のアマ野球選手全体をながめたとき、NPB各チームの一、二軍（育成を含む）や、社会人では受け皿としては不足しているのだ。

学校を出て、さらに野球の場を求める人たちにとって、現状は厳しい。かつて240近くもあった企業主体の社会人チームが激減、今やクラブチームが主体となっている。高校や大学を出てドラフトにかからない選手にとって、野球を続ける環境はなかなかない。「少しでもチャンスがあれば」と思って懸命になっている野球人が目を向けるのがこれら独立リーグである。NPBの球団が、ファームを独立させて、地方に進出していこうと考えたところに、独立リーグが一歩先に誕生した。NPBがなかなか動かないので、地域から巻き起こった『おらがチーム誕生』への要望が、地場産業のバックアップで現実のものになったといえる。

独立リーグの指導者は、ほぼ全員がNPBの球団出身である。経営方法もプロ野球のビジネスモデルを参考にしているようだ。ただ、現状では、なかなか黒字経営とはいかない。当然のごとく、財政基盤が弱いからである。

現存する三つの独立リーグはそれぞれ、まさに独立しているが、将来的には緩やかでもいいからNPBの12球団の傘下に入ってもいいのではないか。メジャー風にいえば、プロ野球の一軍がメジャーで、二軍が3A。そしてその下の2Aに該当するポジションに独立リーグのチームが入るようになればいい。もちろん、独立採算を目指して運営するが、一定の援助を上部球団がするような形になればいいと思う。

同時に、二軍も独立採算を目指して、フランチャイズを移すべきだろう。独立リーグに先を越されてしまっているが、赤字をもたらしているといわれるファーム経営で、地方進出による地域密着&新たなスポンサー契約を視野に入れながら、改善のプランを練ることが求められている。

# あとがき

2008年のサブプライムローンをきっかけとした金融危機は、米国を発信源としたグローバルな影響をみせている。繁栄を続けてきたメジャー・リーグも例外ではない。企業の存亡の危機に襲われた自動車業界のビッグ3の一角、ゼネラル・モーターズ（GM）は、ヤンキース、パイレーツのスポンサーから撤退した。ブリュワーズもメルセデス・ベンツがスポンサー企業から引き揚げた。不況は多くの球団に影響を与え出している。

翻って、日本ではどうだろうか。株価が暴落し、インターネットで知る限り、多くの企業が減収減益を発表している。驚いたのは世界に誇るトヨタ、ソニーの営業利益の赤字転落と、派遣労働者を中心とした大量失職である。雇用不安が増大する日本を、驚きながらながめている。もちろんホノルルでも、メインランド（米国本土）からの観光客が大きく減少した。

直感ではあるが、この経済不安の波は、野球界にも必ず訪れる。そのとき、球界はどう対処するのだろう。本編のなかにも書いたが、日本の球団は、ほとんどが赤字経営である。国税庁通達で親会社は子会社である球団への補填を税務上、損金処理できることを利用して、この50年以上、独立採算を求めずにきている。だが、今の経済状況はそれを続けることを許さないかもしれない。もし、親会社の経営状態が悪化したら、04年の近鉄のように球団を手放さなければならないような事態に陥ることも十分考えられるからだ。球界は、あのときに多くのものを学んだはずだ。選手会が初のストライキを打ち、ファンの声に耳を傾け、2リーグ12球団存続を決めたではないか。球界のピンチを未然に防ぎ、これからどうチャンスを作っていくのか、私は見守っていきたい。野球界も『CHANGE』が必要である。

今回、現役時代から長年のおつき合いがあるベースボール・マガジン社から出版の依頼があり、08年の出来事を軸として、日ごろ考えていたことを整理しようと筆を執った。現在は、ホノルルでリタイア生活に身を置きながら時折、日本や米国本土で野球観戦を楽しんでいるが、見ているうちに、ＭＬＢの変革の速さとＮＰＢの遅さがなんとなく気になった。『はじめに』で無意識に日米野球比較論を展開していたと記したが、筆を進めるうちに「日本野球大丈夫か」「日本人頑張れ」という思いに駆られた。

果たして日本野球改革のための提言になっているか、自信はないが、球界発展を願うファンの方の一助となれば望外の喜びである。

２００９年２月

ママラ湾のサンセットをながめながら

森　祇晶

森祇晶　Masaaki Mori
1937年、大阪府生まれ。55年に岐阜高を経て巨人に入団。現役時代は巨人V9時代の正捕手として活躍し、抜群のインサイドワークに加え、勝負強い打撃にも定評があった。引退後はヤクルト、西武でコーチを務め、86年に西武監督に就任。94年に退任するまでリーグ優勝8回、日本一6回と黄金時代を築いた。01年から02年には横浜の監督も務めている。05年野球殿堂入り。現在はハワイ在住。

野球力再生
名将の「ベースボール」思考術
2009年3月18日　第1版第1刷発行

著者　森祇晶
発行人　池田哲雄
発行所　株式会社ベースボール・マガジン社
〒101-8381　東京都千代田区三崎町3-10-10
電話　03-3238-0181（販売部）
　　　03-3238-0285（出版部）
振替口座　00180-6-46620
http://www.sportsclick.jp/
装丁　木村裕治　金田一亜弥（木村デザイン事務所）
マークデザイン　金田一亜弥（木村デザイン事務所）
印刷・製本　大日本印刷株式会社
本文製版　株式会社吉田写真製版所

ISBN978-4-583-10161-3 C0275